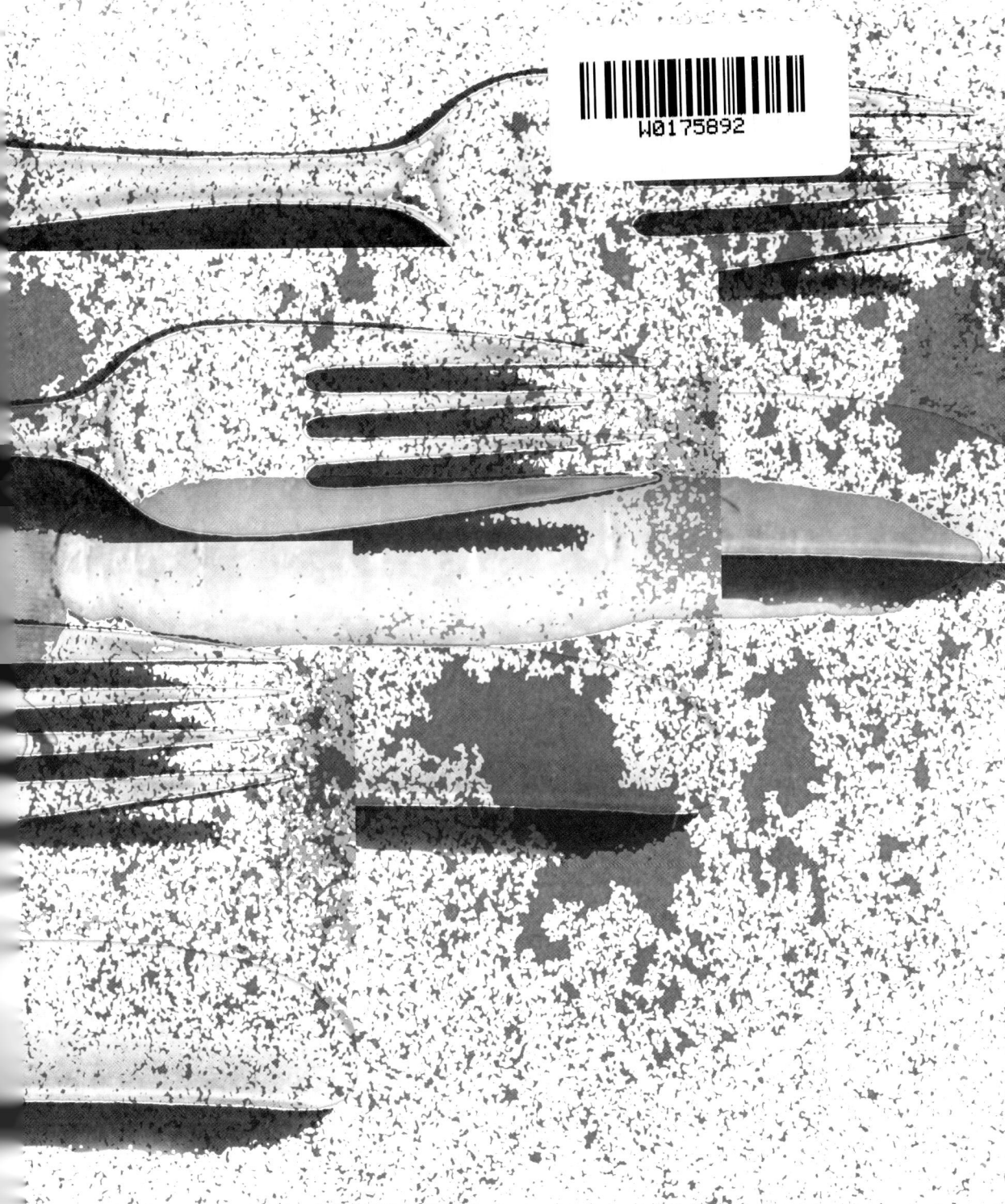

Marianne Weissberg   Meine Chaos-Küche

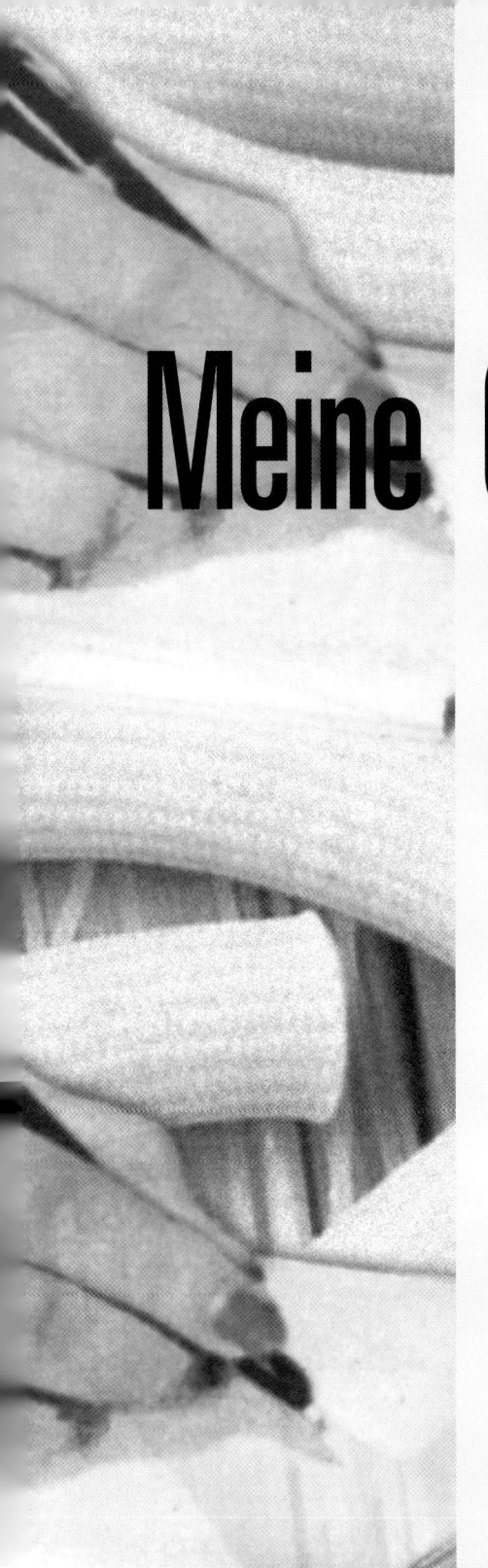

Marianne Weissberg
Meine Chaos-Küche

Was Sie schon immer
essen wollten, aber noch
nie zu kochen wagten

MALIK

Ohne all diese Menschen und (beinahe) Anverwandten wäre ich gar nicht fähig gewesen, meine Chaos-Küche zu schreiben:

Meine ganze, große, schrecklich nette Familie, insbesondere meine Oma wieundwoauchimmerselig und Gustl und Juli, Willi Winzig. Sascha. Meine Agentin, Petra Eggers. Meine Lektorin, Tanja Graf, und alle im Verlag. Wie immer Alexis. Beloved cats, dog and goldfish. Meine Mikrowelle. Mein Atari.

ISBN 3-89029-186-4

© Piper Verlag GmbH, München 1997
Satz: Gerber Satz, München
Druck und Bindung: Pustet, Regensburg
Printed in Germany

INHALT

Das Chaos-Küchen-Menü

Vorspeise: Eine appetitanregende Anleitung, warum, wo, wann, womit und mit wem Sie schon immer kochen und essen wollten, es aber noch nie zu tun wagten. 7

Glossar: Who is who in meiner Chaos-Küche 11

1. Gang: »Dinner for one«: Feste ganz ohne störende Gäste 16

2. Gang: »TV-Time«: Kompaktes zur Lieblingsserie 30

3. Gang: »Schlaraffenland«: Sehnsuchtsrezepte für große Kids 44

4. Gang: »Hilfe, Streß«: Marathon WoMan kauft ein und kocht alle ab 58

5. Gang: »Sonntags im Bett«: Bloß bettgeeignete Schlemmereien 72

INHALT

6. Gang:	»Picknick«: Reis(s)erische Freuden und Warnung vor verkehrsuntüchtigen Leckereien	86
7. Gang:	»Kamikazekulinarik«: Igitt, uns wird schlecht!	100
8. Gang:	»No Money«: Am besten schmecken die Reste	110
9. Gang:	»Tastenfood«: Das kleine Krümlige über Ihrem Computer	122
10. Gang:	»Sollen sie doch Kuchen essen«: Von der Radiotorte bis zum Affärenkeks	134
11. Gang:	»So ein Frust«: Meine kulinarischen Frustfavoriten	146
12. Gang:	»Liebeslust«: Rezepte für Heiratsanträge – und das Gegenteil	158
13. Gang:	»Kücheninventar«: Wer braucht schon ein Shogunmesser?	168
14. Gang:	»Speckattack«: Diät mit Madonna	176
Dessert:	»Spitzenküche ade, willkommen in Ihrer eigenen Chaos-Küche!«: Ein Nachwort von Meisterkoch Serge Troicuse aus Frankreich	187

Alle Rezepte auf einen Blick 193

Die Vorspeise

Eine appetitanregende Anleitung, warum, wo, wann, womit und mit wem Sie schon immer kochen und essen wollten, es aber noch nie zu tun wagten.

»Was koche ich, und wie koche ich es bloß??!« fragen sich tagtäglich Tausende von ganz normalen Leuten. Wie Sie und ich. Stürzen sich mit hungriger Verzweiflung auf die neuesten Rezepte in Magazinen, Kochbüchern und Fernsehkochsendungen oder rufen in allerletzter Minute Muttern an. Und werden dabei trotzdem nicht fündig oder satt, denn wir alle wissen es insgeheim: All diese komplizierten und langfädig uns vorgeschriebenen Kochanleitungen sind für alltäglich Kochende – schlichte BanausInnen, aber auch potentielle Genies – gar nicht nachrührbar.

Zwar studieren wir die hochglänzenden Anleitungen, die einschüchternd perfekten Arrangements mit ehrfürchtigem Interesse, lassen uns halbstündige Rezepte am Telefon durchsagen, brechen auch willig auf, um die aberwitzig teuren Zutaten zu kaufen. Doch spätestens beim Auspacken der Ingredienzen stellen wir fest, daß wir die eine Hälfte vergessen und die andere falsch eingekauft haben und gehen schon

APPETITANREGENDE ANLEITUNG

wieder resigniert Pizza essen. Deckel drauf, Schluß mit der Flucht vor dem Herd! Auch in uns verkannten Kochgenies schlummern unbekannte Talente. Man muß nur wissen, wann, wo und womit sie zu wecken sind. (Und wann lieber doch nicht.)

Jemand hat es mir vor langer Zeit vorgekocht: meine russischpolnischstämmige Oma mit dem melodiösen Namen Mania Blumenstein. Sie darf ich mit gutem Gewissen als Pionierin der Chaos-Küche rühmen. »Definiere mir mal diesen Begriff!« hätte Oma mich nun gleich abgefragt. Sie hielt viel von umfassender Bildung. »Also, Oma, das ist, wenn man so tut, als ob man kochen kann, und mit den Ergebnissen sich und andere verblüfft.« »Mein Kind«, hätte Oma gesagt, »bei uns in Rußland nannte man so was *Chuzpe!*« Schlagfertigkeit mit einer Spur Unverschämtheit und das Talent, in allen Situationen unter tosendem Beifall wie ein Phönix aus dem Chaos emporzusteigen. Das besaß meine Oma. Obwohl sie schußlig war und oft den Besuch und die Bewirtung ihrer Bridgedamen zu vergessen drohte, zauberte sie drei Minuten vor deren Hungerproteststurm mit unnachahmlicher Grandezza buchstäblich aus einigen in Küche und Kühlschrank aufgefundenen Krümeln interessant aussehende Naschplatten. Ihr Renommee als glänzende Gastgeberin war gerettet. Bis zum nächsten Mal, wenn sie schrie: »Cholerabschacreft (schlimmer, polnischer Fluch), die Damen kommen!«

Merken Sie, wohin ich mit Ihnen hinauskochen will? In die Freuden und Katastrophen des ganz normalen Alltags. Eingeteilt ist meine Chuzpe- oder eben Chaos-Küche denn auch nicht in das übliche Zutateneinerlei – Huhngemüsekalbfischtiramisu –, sondern in die typischen Situationen, die uns modernen Menschen tagtäglich zustoßen: Momente der Liebe, der Lust, der Langeweile, der süßen Nostalgie, aber auch des Frusts und des nackten Chaos zwischen Hund, Katz und Kindern. Wenn lästige Gäste und Diäten drohen, das Stelldichein mit Ihrem Tastenfreund, das Räkeln vor dem Pantoffelkino oder in den Federkissen auf dem Programm stehen. Wenn es uns mit Sack und

VORSPEISE

Pack ins Grüne oder in die neue Wohnung zieht. Und selbst dann noch, wenn das liebe Geld schon lange ausgegangen ist und wir uns statt des siebzehnteiligen »Shogunmessersets« nur noch eine simple Gemüseraffel leisten können.

Meine heißen und eiskalten Rezepte, aber auch Kochkniffs, Verlegenheitslösungen, Einkaufssprints, Rettungsmanöver, Suchaktionen und Kapitulationen sind natürlich immer von (un)passenden skurrilen bis romantischen und (beinahe) wahren Geschichten literarisch-kulinarisch durchzogen. Können Sie sich jetzt schon vorstellen, was hinter Omas Radiotorte, dem Affärenkeks, Brauseschaum, Fritzlis Suppensnack, Putzfrauenkartoffelsalat, einem Gurkenlift, Computercookie, explodiertem Truthahn, WG-Auflauf und noch Dutzend anderer etwas schräger Köstlichkeiten steckt? Geben Sie es zu, eigentlich schon, denn auch Sie könnten aus dem Effeff haarsträubendes Küchenlatein spinnen. Auch Sie haben sich schon mit Kelle, Schwingbesen und Pfannen herumgeschlagen, dabei geheime Gelüste gehegt, geahnt, daß Sie am Herd zu allem fähig wären, mußten sich aber dauernd den langweiligen Vorschriften von Kochpäpsten, geschwätzigen Fernsehköchen und Nahrungsaposteln beugen. Voilà – die Katastrophe war vorprogrammiert. Und es hat Ihnen nicht einmal Spaß gemacht.

Omas und meine eigene, daraus frivol abgewandelte Chaos-Küche kann Sie zwar auch nicht vor Küchendesastern bewahren, doch wer die folgenden Kapitel genau studiert, erhält immerhin die Chance, eine Pleite in letzter Brutzelsekunde in einen Triumph umzuwandeln. Ich werde Ihnen aber auch leidenschaftlich aufzeigen, wann es Zeit ist, den Kochlöffel fallen zu lassen und auswärts essen zu gehen. Und garantiert nicht beleidigt sein, wenn Sie meinen Katastrophenführer für den modernen (Küchen-)Alltag möglichst weit weg von der Küche genießen wollen. Wer ihn gleich der ganzen kochfaulen Familie unter die Nase hält oder der hobbykochenden Bekanntschaft mitbringt, kann endlich sicher sein, in Zukunft auch da nicht mehr mit kulinarischen Bruchlandungen vergiftet zu werden.

APPETITANREGENDE ANLEITUNG

Da die Chaos-Küche live und aus dem vollen Leben heraus gekocht und aufgeschrieben wurde, möchte ich Sie auf den nächsten Seiten gleich mit all den Teuren und Lieben, aber auch Fiesen und Merkwürdigen, die mein Leben in und um der Küche bevölkern und/oder mich zu kulinarischen Höhenflügen inspiriert haben, bekannt machen. So daß Sie beim Genießen der Kapitel beziehungsweise Gänge niemals Gefahr laufen, sich bei der Vielzahl von darin Mitkochenden den Magen zu verderben. Zum Schluß, als Dessert, serviere ich Ihnen die verbalen Köstlichkeiten eines echten Spitzenkochs. Vielleicht werden Sie sich auch über die Fülle der Bemerkungen in Klammern wundern. Das kommt daher, daß ich Ihnen noch rasend schnell etwas raten mußte, bevor mein Verlag mir das Manuskript mit gütiger Strenge, aber endgültig aus den noch verzweifelt tippenden Händen riß. Wenn Sie trotzdem vor kulinarischen Abgründen stehen, schreiben Sie mir einfach an meine Hotline-Adresse.

Einen Moment noch vor dem Umblättern: Vergessen Sie nicht, dieses Buch ist kein Kochheiligtum. Bekleckern, bekritzeln Sie es nach Gusto. Erfinden Sie neu und kleben Sie Fotos mit Ihren größten Triumphen, aber auch Desastern auf die für Sie reservierten Seiten. Machen Sie meine Chuzpe-Küche zu Ihrer eigenen, werden Sie zum frechen Flittchen am Herd! Ob Mann oder Frau, Hauptsache, Sie amüsieren sich bei der schrecklichschönsten Sache der Welt, die wir alle insgeheim hassen, aber von der wir lebenslang einfach nicht loskommen – dem Kochen.

Glossar

Who is who in meiner Chaos-Küche

Passiert Ihnen beim Lesen/Kochen auch immer, daß Sie nach ein paar Sätzen nicht mehr wissen, wer was ist und wer was macht? Sie sind entschuldigt, zumal ich als Autorin dieses live geschriebenen Buches manchmal selbst ins Rätseln geriet. Schauen Sie also genau wie ich bei Identitätsproblemen einfach kurz in diesem Glossar nach.

(M)eine glückliche Familie:

Mania Blumenstein, meine Oma: Erfinderin der Chaos-Küche, spezialisiert auf Picknicks unter Kronleuchtern und neben Müllcontainern, blühte im familiären und kulinarischen Chaos erst richtig auf.

Josi Blumenstein, mein Opa(pa): Eine gewichtige Figur, die Cassisbonbons kaute und Zigarre schmauchte, verblich an einem fischigen Todesbonbon.

Meine Mutter: Kochte, wenn es nicht anders ging, dann aber garantiert zum allerletzten Mal.

GLOSSAR

Mein Vater: Wurde einmal im Jahr zum Flambieren abkommandiert, talentierter Sonderangebotsspäher.

Fritzli, mein Bruder: Bekam schon als Knirps immer die besten Bissen vor dem Fernseher serviert.

Helene, meine Schwester: Kennt viele merkwürdige Rezepte, die sie vorsichtshalber nie selber ausprobiert, gibt sie telefonisch weltweit weiter.

Jacques, Sohn: Läßt sich gerne bekochen, findet aber alles grauslig, muß neuerdings selber kochen.

Alexander, Sohn: Behauptet, daß ich gar nie gekocht habe, hat aber alles ganz gerne gegessen.

Massimo, Gefährte: Muß auslöffeln, was ich ihm täglich einbrocke, vermag selbst um drei Uhr morgens eine italienische Eistorte aufzutreiben.

Bibi, Nichte: Findet ihre gefräßige Tante wohl unmöglich.

Onkel Harry: Schlemmte bei Nulldiät eine Fünftelforelle.

Enkelkinder: Insgesamt sechs Stück, wurden von Oma kräftig verwöhnt und gegeneinander ausgespielt.

Tante Jenny aus New Jersey: Pflegt Hang zur Gigantomanie, vor allem beim Thanksgiving-Truthahn, mit explosiver Folge.

Familiäre Auswüchse:

Karoline Frohgemut, Zugehfrau: Königin des Kartoffelsalats, der Konfitüre und der Kalbsbrust.

Mafalda Saltabello, Omas Haushälterin: Wollte eigentlich nicht kochen, mußte es aber unter Omas Ägide doch, haßte sämtliche Enkelkinder.

Die (adoptierten) Tanten: Küßten mit himbeerrosa Lippen schaudernde Enkelkinder ab, trugen geblümte Seidenkleider und Stützstrümpfe.

Die Großonkel: Geheimnisvolle Lebemänner mit nach Brillantine riechenden Haaren und verwerflichen Affären.

Die Unzertrennlichen:

Onkel Julius und Tante Augusta, Lieblingstanteonkel: Traten jahrzehntelang vereint noch verliebt bei Familienfesten auf.
Polly und Alfons: Er aß ihren Affärenkeks beinahe bis zum bitteren Ende.
Dagobert und Daisy, Katzen: Treten in meiner Küche tagtäglich als herzerweichend miauendes, blauäugiges Duo auf.

Unerreichbare Vorbilder:

Die Bettermans aus Long Island: Eine Familie, die jedes Festmahl ohne Chaos schmeißt, vor allem Dad Jeffrey nimmt es mit jedem Turkey auf.
Alexis Carrington Colby Dexter: Vermochte als einzige, ohne zu kleckern, zwischen den Satinlaken zu speisen und gleichzeitig den schönen Dex zu unterhalten.
Alle Serienmenschen: Unsere Alter (besseren) Egos erhalten in ihren Sendegefäßen immer genügend und pünktlich zu essen und verdienen viel mehr als wir!

1. GANG Dinner for one

Feste ganz
ohne störende Gäste

 DINNER FOR ONE

Wieso sind wir eigentlich so überzeugt, daß Gäste das kulinarische Erlebnis bereichern? Sie treffen doch just dann ein, wenn man nach der Küchenschlacht erst mal ein Ruhestündchen auf dem Sofa einlegen möchte, kriegen bei Tisch immer unsere Lieblingsbissen. Weil ich schon von klein auf das totale Festchaos miterlitt, plädiere ich heute vehement für Feste ganz ohne störende Gäste.

»Mafaaaalda, stop! Wir haben ein Poulet überfahren«, rief meine Oma streng, als sie im Rückspiegel Federn wirbeln sah. Mafalda, Chauffeuse, Gesellschafterin, Haushälterin und Vertraute meiner Oma, trat mit ihren schwarzen Gesundheitslatschen wütend auf die Bremse, der klapprige Fiat kam auf der staubigen Landstraße irgendwo zwischen Bologna und dem Meer zum Stehen. Dann sah sie ihre Chefin mit zusammengekniffenem Mund an und wartete auf Anweisungen. »Mafalda, wir müssen das Poulet bezahlen«, ordnete Oma, die noch niemandem etwas schuldig geblieben war, an, worauf Mafalda an der Türe des Gehöftes klingeln mußte, um den Hühnermord zu gestehen.

Ich wurde nie müde, diese Geschichte immer wieder zu hören. Erstens, weil ich es liebte, mir schaudernd klarzumachen, daß meine

Oma die Tierwelt nur nach ihrer Eßbarkeit beurteilte. Sie sozusagen durch ihre Brille, die sie dauernd verlegte, schon im Endzustand, gesotten oder gebraten, betrachtete. Was merkwürdigerweise alle Hunde in unserer Verwandtschaft nicht davon abhielt, sich zu ihren Füßen niederzuwerfen, um sie bewundernd anzuhecheln. Zweitens goß das Erzählen dieser Geschichte Öl ins Feuer der ungleichen Damen.

Mafalda nannte meine Oma brummig »Frau Plummstein« und fügte nach dem Namen, der aus ihrem Munde wie ein Fluch klang, oft noch einen saftigen auf italienisch hinzu. Das tat sie so raffiniert zwischen zusammengepreßten falschen Riesenzähnen hindurch, daß meine Oma dies bloß als Mafaldas übliches Geknurr abtat. Ich petzte es aber liebend gerne: »Oma, wenn du wüßtest, wie Adlafam (so hieß Mafalda umgekehrt, was mir viel besser gefiel) dich genannt hat!« Oma tat dann entrüstet, ging aber niemals gegen ihr Faktotum vor. Denn ohne sie hätte sie ihren Alltag als chaotische Grande Dame nie geschafft. Geschweige denn wimmelnde Tischgesellschaften, die aus Enkelkindern, deren Eltern, angejahrten Lebemännern und sitzengebliebenen Tanten bestanden, bewirten können.

Bei diesen Einladungen drapierte Oma immer eine Früchteschale in die Mitte des zur Festtafel ausgezogenen Tisches im Speisezimmer. In ihr lag, inmitten von Trauben, Aprikosen und Pfirsichen, eine frische Ananas. Damals eine Sensation. Ganze Gänge lang schielte ich begehrlich auf den Ananasthron und rechnete mir meine Chancen aus. Sie waren am besten, wenn ich mir von diversen nach Mottenkugeln riechenden Großtanten himbeerrosa Kußlippen auf die Wangen plazieren ließ, ohne sie gleich laut würgend wegzuputzen, und vor dem Dessert eine selbstgeschriebene Geschichte vorlas. Beides haßte ich. Doch gegen soviel Talent kam die übrige Kinderkonkurrenz nicht an. Die Ananas war mein.

Omas Spezialitäten waren goldgelbe *Mazzeknödel* in Fleischbrühe, ihre *Gefilten Fische* – süßsaure Fischklöße aus gemahlenem Süßwasserfisch, eingebettet in pochierten Karpfentranchen und schwabbelnder Fischsülze. Serviert mit atemlos scharfem Meerrettich. Zuvor als Appetithäppchen *Zibbeles,* gehackte und gewürzte Hühnerleber, mit einer unverschämt großzügigen Beimischung von Zwiebeln. Zum Dessert warteten hohe, etwas schiefe Torten aus weichem Biskuit, gefüllt und überzogen mit lockerer Schokoladencreme, auf der Anrichte. Eigentlich gab es immer dasselbe, und alle erwarteten dies so. Aber es waren keine Gerichte, die man routiniert und eins, zwei, drei zubereiten konnte. Es waren wahre Wunder an Küchenmühseligkeit und wurden Mafalda aufgebürdet, Oma erteilte nur Anweisungen oder griff hin und wieder ein, um etwa die Mazzeknödel vor dem Zerfall zu retten. Mafalda haßte Omas Tischgesellschaften und war schon Tage vorher schlechter Laune. Vor allem haßte sie uns Enkel, die wir dann wie lästige Schmeißfliegen in ihrem Heiligtum, der Küche, herumschwirrten.

Sie haßte es, wenn wir in der Küche die zwei mannshohen Kühlschränke aufrissen, um den Inhalt zu inspizieren. Sie brodelte, wenn wir noch warme Schokoladenplätzchen vom Blech mopsten oder unsere Finger ins angefrorene Erdbeereis stippten. Sie hätte uns dann am liebsten zu ihrem katholischen Teufel gejagt oder gleich vor Ort zu Bratenfüllung verarbeitet. Manchmal verfolgte sie uns mit klappernden Holzpantinen rund um den Tisch, gab dann keuchend auf, eilte zu Oma und drohte zu kündigen. Eine kluge Taktik, denn dann mußten wir zur Strafe unweigerlich den Küchenputz übernehmen. Während Mafalda, an den Kühlschrank gelehnt, die Arme verschränkt, uns lächelnd zusah oder, schlimmer, in ihrem Zimmer verschwand, um fernzusehen. Omas Festmähler waren also eine turbulente Angelegenheit. Noch während wir murrend Tellerberge abtrugen, ruhte sie bereits stöhnend auf der altrosasamtenen Chaiselongue in ihrem Schlafzimmer, tupfte die Schweißtropfen von der Stirne, schimpfte über die undankbare Verwandtschaft und murmelte: »Meine Enkelkinder werden mich rächen.« Ein Fluch, der meiner Familie viel zu rätseln gab.

FESTE GANZ OHNE STÖRENDE GÄSTE

Vielleicht wundert es Sie, daß um Mafaldas Hühnermord so viel Federlesen gemacht wurde. Doch in jenen Tagen war ein Huhn noch eine Mahlzeit, die eine ganze Familie sättigte, buchstäblich ein ganzes Ereignis, das in meinem Elternhaus vom Eiermann mit allem Drumherum angeliefert wurde. Karoline Frohgemut, unsere Zugehfrau, nahm dann ein dickes Wachspapierpaket entgegen, aus dem der Kopf eines protzig fetten Vogelviehs oder, falls für die Suppe, derjenige eines ausgedienten Wracks baumelte. Wohlig gruselnd sah ich zu, wie sie dem Vogel die Beine abhackte und aus dem Innern so erstaunliche Dinge wie einen mit Körnern gefüllten Magen förderte. Zum Schluß hieb sie mit einem Küchenbeil den Kopf ab, und wir Kinder stritten uns, wer mit den Hühnerbeinen gackernd über den Tisch spazieren oder mit dem Kopf die doofen Nachbarskinder erschrecken durfte.

Einmal im Jahr, zu Chanukka, dem jüdischen Lichterfest, gab es bei uns eine gebratene Gans. Sie wurde schon zwei Tage vorher dick mit Knoblauch eingerieben und lag dann totenbleich und ein wenig stoppelig in der Speisekammer. Dort besuchte ich sie heimlich, versuchte die pieksigen Federkiele herauszuziehen oder klatschte mit meinen Schmuddelpfoten auf der Vogelleiche herum. Wenn *das* meine Mutter geahnt hätte! Doch sie war in den Vorwehen des Festes schon ein wenig hysterisch, eilte noch am späten Nachmittag mit flatterndem Morgenrock im Haus herum und machte alle verrückt. Sie konnte einfach nicht glauben, daß das bis ins oberste Stockwerk knoblauchriechende Riesenbiest sich bis zum Eintreffen der Gäste in einen glänzendknusprigen Festbraten verwandeln würde. Was es jedes Jahr zuverlässig tat. Wir waren froh, wenn genau wie letztes Chanukka endlich die Migräne eintraf, so daß sich meine Mutter mit einem nassen Waschlappen auf der Stirn im verdunkelten Schlafzimmer niederlegte. Und genauso unvermeidlich erhob sich unsere Lieblingstante Augusta beim Auftragen der Gans, genau um halb sieben Uhr abends, applaudierte heftig und biß jubelnd in deren *Toches* – den

Bürzel –, während wir Kinder ihr mit offenem Mund zusahen. Als Höhepunkt trat zum Dessert jeweils mein Vater auf, der, assistiert von Onkel Julius, Augustas Gatten, Bananen flambierte. Zum flammenden Finale geriet jenes Festmahl, als statt bloß der Früchte gleich der ganze Flambierwagen brannte. Meine Mutter riß die Fenster auf, was sie in allen familiären Krisensituationen tat, während Onkel Julius das lodernde Mobil im Speisezimmer herumschob, bis er sich endlich ein Herz faßte und samt Tisch zur Haustüre hinaus verschwand. Mein Vater hinterher.

Dann lauschten wir traurig dem Plätschern aus dem Gartenschlauch, das unser Dessert hinwegschwemmte.

Heute denke ich mir, daß meine Mutter an jenem denkwürdigen Festtag wenigstens einen Hauch von brennendem Weihnachtsbaum erleben durfte. Sie beklagte sich nämlich immer, daß wir keinen hatten und beneidete unseren christlichen Nachbarn um dieses grüne Privileg. Ich insgeheim auch, obwohl ich nie verstehen konnte, wieso diese an ihren Festtagen Panik hatten, alleine unter ihren Bäumen zu sitzen. Bei uns mußte man kämpfen, um wenigstens drei Minuten in Ruhe gelassen zu werden. Nachdem die Gäste gegangen waren, schwor meine Mutter jedesmal feierlich »nie wieder«. Niemand glaubte ihr.

Noch lange Jahre war ich davon überzeugt, daß ein Festessen nur unter der totalen Auflösung der Familie stattfinden könnte. Dann, in den Achtzigern, wurde ich eines erstaunlichen Besseren belehrt. Damals wurde ich von einer amerikanischen Freundin eingeladen, ihre Eltern zu Thanksgiving zu besuchen. Sie wohnten in Great Neck, der edelweißen Enklave auf Long Island. Als wir dort zusammen am Bahnhof ankamen, sah ich zum ersten Mal die Welt der amerikanischen Fernsehserien live vor mir: endlose Reihen von Ehefrauen in überlangen Kombis, die aus der City heimkehrenden Ehemänner erwartend. Das American Diner, wo an chromblitzenden Theken Kaffee in große Tassen ohne Untertasse eingeschenkt wurde, dazu gab's riesige Thunfischsandwiches mit Bergen von Chips und Cole Slaw on the side.

Hillarys Eltern waren kein bißchen nervös, ob das in Amerika bedeutendste Family- und Foodfestival bis in die letzte Süßkartoffel gelingen würde. Sie freuten sich, daß ihre Tochter eine neue Freundin mitgebracht hatte, und legten ein Extragedeck auf. Die Hauptperson, der Truthahn, ein sechzehnpfündiger Koloß, garte schon seit Stunden im Ofen. Meist sorglos unbeaufsichtigt in seiner gigantischen Alupfanne vor sich hin bräunend, als ob er's schon selber richten würde. Endlich, während alle ins Auftischen der wundervoll reichlichen Beilagen einbezogen wurden, avancierte er zum Thema Nummer eins: Wird er wohl noch besser als der letztjährige? Genauso zart wie der vor fünf Jahren? Oder vielleicht doch eine zähe Katastrophe, wer hatte denn eigentlich die Idee, ihn ausgerechnet im neuen Supermarkt zu kaufen? Nichts als ein kulinarisches Geplänkel, eine Tradition im Hause Betterman. Das merkte ich bald. Niemand regte sich auf oder sprach Morddrohungen gegen die Lieferanten aus, wie meine Mutter es zu tun pflegte. Als die Schüsseln mit Süßkartoffeln, Kartoffelstock, Cranberries, verschiedenen gartenfrischen Gemüsen auf dem Tisch standen, wetzte Kieferchirurg Jeffrey ein riesiges Messer und trug unter den Ahs und Ohs der Tafelrunde den Turkey auf. Jetzt wurde er nochmals gemustert, vermessen und selbstverständlich gemeinsam mit allen Anwesenden fotografiert, während Dad Jeffrey schon seelenruhig nach einer potentiellen Anschnittstelle suchte, zustach und überall Stücke heruntersäbelte. Keine Spur von Perfektion, keine Eile, damit alles heiß bliebe. Hier zählte nicht das Resultat, sondern das Vergnügen der Vorbereitung, das gelungene Herbeischaffen vergessener Dinge in allerletzter Minute und danach die Feststellung: »Best turkey ever!«

Wieder nach Europa zurückgekehrt, glaubte ich allen Ernstes, die Kunst des familiären Festessens ohne Nervenzusammenbruch gesehen und gelernt zu haben. Mindestens dreimal lud ich neben der

Familie eine wachsende Gästeschar zum Thanksgiving, tischte einen gleich der Runde immer größer werdenden Vogel auf und sah, nachdem die Mitesser endlich gegangen waren, genauso erbarmungswürdig wie die abgenagte Knochenruine aus. Die Gäste hatten sich immer bestens amüsiert, delektierten sich an den dunklen Keulen, während ich mit ungeliebtem Brustfleisch vorliebnehmen mußte. Sie hatten sich jedesmal mit allen Leftovers beschenkt verabschiedet und sich schon unter der Türe für das nächste Mal vorgemerkt. Mein gemurmeltes »Meinetwegen« war wohl jedesmal mein einziger Beitrag an Konversation, denn ich war viel zu beschäftigt, ohne zu stolpern aufzutragen, gerecht auszuteilen und dazwischen im Badezimmer zu verschwinden, um die fettigen Haarsträhnen aus den Augen zu streichen. Endlich wurde ich einsichtig: Du bist nicht wie die Bettermans mit ihrem American Way of Cooking, sondern schlägst deiner chaotischen Oma nach, die jedoch eine Mafalda und notfalls eine im Hintergrund schuftende Enkelschar besaß. Zwar liebst du Feste, aber von nun an: bitte ohne störende Gäste.

Nachdem wir gemeinsam diesen wichtigen Fact geklärt hätten, der – geben Sie es doch einfach zu – auch auf Sie zutreffen könnte, wenden wir uns entspannt IHM zu, dem Festbraten für »our eyes only«.

Vom Geheimnis des richtigen Zeitpunkts

Jetzt, wo ich weiß, daß der Truthahn vom Busen bis zum Schenkel nur von mir alleine benagt wird, ist schon der Truthahnkauf ein wahres Vergnügen. Natürlich empfehle ich, Thanksgiving im Herbst abzuhalten, weil dann die Auswahl der Zutaten am reichlichsten ist. Offiziell findet es in Amerika Ende November statt, doch wenn niemand mitißt, darf gemütlich herumverschoben werden, bis einen wirklich die Lust auf Erntedank privat packt.

Die Kunst des Truthahnkaufs

Ich habe schon jeden gefüllt: den Tiefkühlzehnpfünder aus den USA (zäh), die kaum Fünfpfündige aus Frankreich (zart), den Siebenpfünder aus hiesigen Landen (so lala). Eines ist todsicher: Die Wahl der oder des Richtigen – wer weiß schon, ob Ihr Braten einst als Henne oder Hahn kollerte – ist reine Glückssache. Aber es kann nie schaden, folgende Richtlinien im Auge zu behalten: Verfallen Sie nicht in Größenwahn. Wählen Sie unbedingt nach Sympathie. Lassen Sie sich die Herkunft vor dem Kauf mündlich deklarieren oder studieren Sie gründlich das Etikett. Nehmen Sie im Zweifelsfall immer die/den adrette(n) Nette(n) statt die/den aufgeblasene(n) Blender(in). Einen, der das Leben genossen hat, bevor Sie ihm einheizen. (Tips, die nicht nur für den Einkauf von leiblichen Genüssen gelten ...)

Genau diese weisen Ratschläge befolgte meine Tante Jenny aus New Jersey, damals vor genau viereinhalb Jahren, nicht. Sie zog vor all ihren Nachbarinnen los, besorgte sich wie üblich den gewaltigsten Truthahn, den ihr Supermarkt führte, stopfte ihn bis in die letzte Naht prallvoll und schob ihn zufrieden in den Ofen. PENG! Ein Riesenknall. Tante Jennys Häuschen, mitten in einem lichten Ahornwald, erbebte in seinen Grundfesten. Der Truthahnjumbo war explodiert, samt Pfanne und Ofen. Wer nun hofft, daß meine Tante bescheidener geworden wäre, irrt europäisch. Sie schaffte sich erst einen größeren Ofen und jedes Jahr wieder ein wahres Vogelmonster an. Neu ist nur, daß sie, bevor sie die gefüllte Bombe einschiebt, zwei Valium einwirft, sich neben den Ofen setzt, zum Wandtelefon greift, meine Mutter anruft und mit schwerer Zunge beteuert: »Ich bin ganz ruhig, dear, happy Thanksgiving.«

Die Fertigkeit des Füllens

Für die Füllung – ist sie gut, ist sie besser als die Hülle – ist alles brauchbar, was Sie sonst noch mögen: Äpfel, Brot, Dörrpflaumen, Maroni, Zwiebeln. Und, falls vorhanden und nicht einfach im Bermudadreieck zwischen Stall und Ihrer Küche verschwunden, die zarte Leber. Aus diesen Füllereien wählen Sie außer dem Brot, es darf ruhig altbacken sein, mindestens noch drei Zutaten, würfeln alles grob, würzen mit Salz, Pfeffer, Rosmarin, Thymian oder anderen sich herbstlich gebenden Gewürzen aus Ihrem Gewürzsortiment, das Sie im übrigen schon immer aufbrauchen wollten, geben einen großzügigen Schuß Cognac bei, trin-

DINNER FOR ONE

ken sich mit einem zweiten Mut für das Kommende an und schnuppern schließlich an der Schüssel – es muß jetzt schon betörend intensiv duften. Ein Andämpfen dieser Füllung ist nicht nötig, schließlich gart sie ja in ihrem Truthahnbrutkasten stundenlang mit. (Noch etwas zur Mär des andauernden Andämpfens, das a) viel zu aufwendig ist, weil ja danach die Chose sowieso gegart wird, b) sich stundenlang in Ihrer Frisur verewigt und c) von all jenen gepredigt wird, die danach Ihre Töpfe nicht abwaschen müssen, got it?)

Jetzt geht es ans Füllen, eine kitzlige Angelegenheit, aber es ist ja niemand dabei, der sich ob mangelnder Treffsicherheit und Ihrer Flucherei amüsieren könnte. Ich empfehle für diesen schwierigen Moment klassische Musik. Sie verleiht allen Anstrengungen in der Küche etwas Heroisches und beruhigt zugleich. (Außerdem bildet man sich dabei, ich bevorzuge nämlich Sender, die zur Musik auch noch aufregende Details zu den KomponistInnen liefern.) Sicherlich mixen Sie zuviel Füllung. Macht gar nichts. Der Überschuß kommt in einer feuerfesten Glasform neben den Braten zu stehen. Für den hoffentlich eine genügend große Bratform vorhanden ist. Nein? Dann wird er einfach aufs Backblech drapiert. Die ganze Bagage sollte übrigens in Ihren Ofen passen. Wenn nicht, haben Sie Pech gehabt, müssen ihn im nachbarlichen Ofen braten und die Hilfsbereiten deswegen einladen. Ein Ausmessen des Ofens und des Vogels vor dem endgültigen Truthahnkauf wäre also nicht so abwegig.

Vor dem Einschieben muß der Truthahn noch mit gesalzener Butter einmassiert werden. Das ist einfacher, als darüber endlos mit dem Salzstreuer zu wedeln. Nun darf er, Brust nach oben und lose von einer Alufolie bedeckt, erst einmal eine Stunde bei etwa 200 Grad vor sich hin schwitzen. Während Sie das Chaos in der Küche beseitigen und vielleicht zum Telefon greifen, um allen Bekannten zu erzählen, was es hier in Kürze zu schnabulieren gibt. Ich persönlich unterlasse dies lieber, man bleibt sonst vor bösen Überraschungen an der Haustüre – »ich bin schnell vorbeigekommen, um dir zu helfen« – oder, noch schlimmer, genau zur Essenszeit nicht gefeit.

Achtung! Es ist schon Zeit für den ersten Boxenstop. Der Braten wird dabei aus dem Rennen genommen, inspiziert und gedreht, fällt dabei hoffentlich nicht zu Boden, wie bei mir auch schon passiert – tant pis, nur ich allein notierte das Malheur –, und wird eine weitere Stunde wieder mit Folie bedeckt in die gleiche Hitze geschickt. Für die dritte Bratstunde sollte er wiederum die Brust nach oben recken, sich aber nun ohne Folienschutz bräunen lassen. Es kann nie schaden, ihn einige Male zu bepinseln, wozu Sie etwas Gemüsebouillon mit Orangensaft mixen. Das ist einfacher, als mühsam mit einem Löffel nach vorhandenem Bratenjus zu graben und sich dabei garantiert zu verbrennen. Ich rechne für einen Sechspfünder gemütliche drei Stunden. Ein wenig mehr kann auch nicht schaden. Doch gegen Schluß hin reichen 180 Grad und natürlich Ihr Adlerblick völlig, um knusprig zu bräunen, statt zu schwärzen.

Ihren Vogel zu garen dauert seine Zeit. Es empfiehlt sich, einen ganzen Tag für Ihr Erntedankfest zu reservieren. Auch wenn Sie wissen, daß es – o Graus – nicht bald klingeln könnte, fangen Sie doch lieber beizeiten an. Sie kriegen nur zu bald Heißhunger, wenn es vom Ofen her und bald überall lieblich zu duften beginnt. Eine passende Startstunde ist kurz nach Mittag. Ist der Turkey einmal im Ofen gelandet, kann der Nachmittag entweder mit dem Einkaufen der Beilagen, dem Probieren derselbigen, dem Auftragen einer Gesichtsmaske samt Absolvieren sämtlicher TV-Talkshows, dem Polieren der Minieisenbahn oder mit dem Weiterlesen dieses Buches verbracht werden. Hauptsache, kein Wettrennen mit der Zeit. Ich war tatsächlich einmal auf eine Thanksgiving-Party eingeladen – man hatte endlich realisiert, daß man solches bei *mir* nicht mehr erwarten konnte –, wo der verdammte Riesentruthahn vor Eintreffen der Gäste gerade mal ein Stündchen geschmort hatte. Man kann sich die Laune der Hungrigen nach zwei weiteren Garstunden gut vorstellen. Wir verbrachten sie mit dem ungenierten Hineinstarren in den Ofen, dem Verputzen alles Knabbergebäcks und schließlich dem überfallartigen Verschlingen aller geplanter Beilagen. Als der Gastgeber endlich auftrug, hatte niemand mehr Appetit. Ich selbst erlebte dieses Desaster gar nicht mehr, ich war schon lange verschwunden.

Die Ekstase der passenden Beilagen

Sie sollten nicht zu üppig sein, denn der Truthahn mit deftigem Innenleben bietet ja schon Wonne genug. Ich koche, falls ich diese Beeren frisch finde, ein Cranberrykompott: Die prallen, roten Kügelchen mit braunem Zucker aufkochen und platzen lassen, fertig. Notfalls Preiselbeeren im Glas kaufen, mit Sauerrahm mischen. Mein Beilagenfavorit ist ein farbiger Reissalat: Parboiled Reis oder auch Vollreis knapp gar kochen, abschrecken, mit rohen Lauchrädchen, farbigen Peperonistückchen, Mais aus der Dose, Mandelstäbchen oder Rosinen mischen und mit reichlich Senfsalatsauce mischen. Er muß richtig saftig sein. Mein Reissalat mundet am Premierenabend gut, an den folgenden reichlichen Leftoverfestivals noch besser. Als Clou serviere ich mir Dosenpfirsiche. Die müssen einfach sein. Und der Saft eignet sich bestens zum hübschen Glasierfinish Ihres Bratens. Oder, wenn er doch etwas schwärzer ausgefallen ist als geplant, sehen diese dunklen Stellen mit etwas Pfirsichglasur kaschiert nur noch geheimnisvoll dunkel glänzend aus. Den Tip erhielt ich von einer Heimwehwestcoastamerikanerin, er war ihr wiederum bei einer Tupperwareparty zugeflüstert worden.

Apropos meine Rezepte: Es könnte sein, daß Sie eines wiedererkennen und schreien: Aber das ist ja mein eigenes! Oder: So was steht doch auch in diesem Starkochbuch geschrieben. Fassen Sie es einfach als Kompliment auf: Das Beste bleibt eben in der Familie.

Endlich! Ihr Festmahl ohne störende Gästeschar steht bereit. Vergessen Sie nun um Himmels willen die Schnapsidee vom edel gedeckten Tisch. Das haben wir doch nicht nötig, wenn außer uns niemand dabeisitzt. Sie servieren ganz simpel und entspannt da, wo Sie sich am wohlsten fühlen. Wieso nicht im Schaumbad? Und schneiden ab, wo immer Sie wollen. Genau wie damals Jeffrey. Ich bin sicher, Sie machen eine genauso coole Erscheinung.

Die Nacht danach ...

Vereinbaren Sie ein Stelldichein mit den köstlichen Leftovers, die gestern niemand davontragen konnte. Als Überraschung empfehle ich dazu mein supersimples Apfelchutney:

Apfelchutney zum Truthahn

Zwei Äpfel – es eignen sich auch andere Früchtchen wie Mirabellen, Mango, Aprikosen etc. – werden samt Schale direkt in ein Pfännchen geschnippelt. Ein Suppenlöffel Zucker, ein Schuß Essig, einige Rosinen, fein gehackte Knoblauchzehe, wenig Pfeffer, Curry und Zimt dazu. Erst fünf Minuten aufgeregt, dann sanft köcheln lassen, bis das Chutney wie eine saftige Konfitüre aussieht. Heiß in ein Glas füllen.

Voilà, servierbereit als perfekte Begleitung für ein mitternächtliches Rendezvous bei Ihrem Kühlschrank: nur Sie und die zweite, mit Chutney beladene Truthahnkeule. Das nenne ich (kulinarische) Romantik!

TV-Time 2. GANG

Kompaktes zur Lieblingsserie

TV-TIME

Fernsehen ist eine meiner Lieblingsbeschäftigungen. Entweder verbotenerweise, wenn ich eigentlich an diesem Buch schreiben sollte, oder ganz legal, wenn die Sendungen laufen, die um der trivialen Bildung wegen um nichts in der Welt verpaßt werden dürfen. Damit aber keine Sekunde vom Bildschirmgenuß verlorengeht, muß die Verpflegung genau auf die Gabel passen, ohne den Blick vom Bildschirmbrennpunkt abzulenken, und natürlich auf die Startsekunde parat sein.

»Ich gehe Telewischen«, sagte meine Oma jeden Abend Punkt acht Uhr und setzte sich in ihren Lehnstuhl, um die Tagesschau zu betrachten. Lange dachte ich, daß Oma damit das gleichzeitige Abstauben ihres Fernsehapparates meinte, und wartete immer darauf, daß sie bei der Tagesschau endlich ein Staubtuch in Bewegung setzte.

Immer wenn traurige Nachrichten verlesen wurden, begann Oma zu schluchzen. Sie war sehr leicht gerührt, was wir Enkelkinder gerne ausnutzten. Und während sie »oh, die armen Menschen« jammerte und nach ihrem Taschentuch fahndete, verschwanden wir aus ihrer Sichtweite, öffneten die Dielenschränke und mopsten aus einer

Blechdose die dort aufbewahrten Schokoladenplätzchen und die mürben Kindeli. In einem dieser Schränke waren auch lange Schokoladentafeln gestapelt, die Oma aus irgendwelchen geschäftlichen Verbindungen mit der Schokoladenfabrik Lindt und Sprüngli stets im Dutzend vorrätig hatte. Wir packten sie ganz an den Enden aus dem Silberpapier aus, bissen dicke, süße Brocken ab und wickelten sie schön wieder ein. Wenn Oma uns erwischte, war sie uns nicht böse. »Nehmt, was ihr wollt, ich kann es schließlich nicht mitnehmen«, pflegte sie gerne zu sagen.

Erst als wir schon zur Schule gingen, schafften auch meine Eltern einen Fernsehapparat an. Er war diskret in ein Möbel mit schließbarer Jalousie eingebaut und wurde neben den Salon ins holzgetäfelte Herrenzimmer, das auch noch einen offenen Kamin und eine zusammenklappbare Bar mit allen Schikanen aufwies, gestellt. Dies alles stammte noch von den früheren Besitzern des Hauses, einer Fabrikantenfamilie, die so einen Hauch von weiter Welt in unsere schäbige Industriestadt bringen wollten. Ihre Nachkommen zogen jedoch Domizile an französischen Gestaden vor, so daß das Haus mit all seinen Türmchen, Erkern, riesigen Veranden und Balkonen und den aufwendigen Einbauten für ein Butterbrot an uns verkauft wurde. Für uns Kinder war es besser als jeder Abenteuerspielplatz.

Lange hatten wir uns heimlich damit amüsiert, auf den Barhockern kniend die Likörflaschen hinter den verspiegelten, drehbaren Regalen hervorzuholen, aufzuschrauben und die Zunge hineinzustecken. Oder nachmittags verbotenerweise im Kamin Würstchen zu braten. Als Fritzli einmal einen Eimer Wasser auf die brennenden Scheite warf, um den Rauch, der durch die versehentlich nicht geöffnete Kaminklappe in den Raum wallte, zu verbannen, war danach Feuer tabu. Ein Fernseher erschien unseren Eltern eindeutig ungefährlicher. Auch wenn man damals hitzig darüber diskutierte, daß sich Kinder dabei die Augen und den Verstand verdarben. Was vermutlich heute noch stimmt.

TV-TIME

Schnell erkannten wir, daß wir ohne diese Flimmerkiste nicht mehr leben wollten. Sie brachte uns nämlich nicht nur Bildung ein. Nach der Schule luden wir gegen die Übergabe dick bestreuter Zuckerbrote die Nachbarskinder zu »Lassie« oder »Flipper« ein. Sie hatten uns immer gehänselt, weil wir unser Wohnzimmer Salon nannten und statt über eine ganze Geschwisterreihe vererbte Fahrräder neue Tretroller in Rot, Blau, Grün (meins!) fuhren; jetzt mußten sie sich zusammenreißen – sie hatten keinen Fernseher.

Abends hingegen waren auch wir ohne Glotzophon, wir durften es wegen der gesunden Nachtruhe vor Mitternacht nicht anschalten. Dagegen konnten wir, wenn unsere Eltern zu Hause waren, nicht viel ausrichten. Doch kaum gingen sie aus, ließen wir uns auf dem Sofa nieder, um »Tennisschläger und Kanonen« oder »Mit Schirm, Charme und Melone« zu gucken. Dazu verpflegten wir uns mit allem, was der Kühlschrank zu bieten hatte. Dumm war nur, daß die Heimkehr unserer Eltern schwierig einzukalkulieren war. Kaum hörten wir sie in die Auffahrt einbiegen, begann unser geordneter Rückzug. Für das ordentliche Wegräumen und das Hinaufrasen in unsere Schlafzimmer blieb allerdings keine Zeit. Wir packten alles, was vor uns auf dem Nierentisch aufgebaut war, auf die Teller und hüpften hinter das Sofa, das in einer Ecke stand. Fritzli knipste zuletzt das Gerät aus, rollte die Jalousie über den Bildschirm und hechtete zu uns hinunter. Nichts mehr verriet unseren ins Herrenzimmer spähenden Eltern, daß wir dort noch vor drei Minuten fasziniert Marmorkuchen mit Schlagrahm gemampft hatten, genau als Mike Nelson in »Abenteuer unter Wasser« in einem Schiffswrack festsaß. Während sie in der Garderobe ablegten, robbten wir die Treppe hinauf in unsere Schlafzimmer.

Als Fritzli und ich älter wurden, hieß es allerdings nicht mehr »wir gegen sie«, sondern »er gegen mich«, vor allem, was das Fernsehprogramm betraf. Er wurde zum absoluten Sportschaufanatiker und klebte am Wochenende für Stunden vor dem Fernseher. Meine einzige Chance, mir samstags den »Beatclub« anzuschauen, bestand in der Abmachung, ihm im Austausch gegen verpaßte Torchancen einen kompletten Suppensnack – meist Tomatensuppe mit belegten Broten – zu servieren. Mit der Zeit machte es mir direkt schon Spaß, Maggisuppen so raffiniert zu verfeinern, daß sie mit dem rötlichen oder grünen Urpulver keine Ähnlichkeit mehr hatten. Genau an diesen Samstagen, eine Stunde vor »Beatclub«-Zeit, fing meine Köchinnenkarriere mit dem Mustern der im Küchenschrank gestapelten Suppenbeutel an. War Fritzli sehr zufrieden, konnte ich mir auch noch Chancen auf eine Folge »Raumschiff Orion« ausrechnen.

Als ich dann selber Kinder hatte, hieß es wiederum »sie gegen mich«, nur wußte ich natürlich jetzt über alle Schliche und Finten Bescheid und konnte die Kids mehr oder weniger erfolgreich von der Glotze fernhalten. Zu einem hohen Preis allerdings, ich mußte mit gutem Beispiel vorangehen und mir stundenlanges Fernsehen verkneifen. Das ging gut, bis Anfang der Achtziger die Ära der Soaps startete. Schon bei »Dallas« kapitulierte ich, der über die TV-Jahre wechselnd sich ausdehnenden und wieder schrumpfenden Haarpracht von Pam und Sue Ellen konnten ich und meine Freundinnen, alles etwas schlampige Grüne Witwen mit Grauen Stadtmännern und nervigen Kindern, einfach nicht widerstehen. Schon zum Serienstart von »Dallas« kochten wir gemeinsam unter der Ägide von Vicky aus Venezuela, und damit Beinahe-Texanerin, einen dampfenden Topf Chili con Carne, bestrichen Baguettes mit Knoblauchbutter und begrüßten unsere mondänen Kolleginnen aus Übersee mit vollem Mund kauend.

Während die brave Kazuko vom dritten Stock sich mit dem Rollen ihrer leckeren Algenpäckchen immer noch nach ihrem spät heimkehrenden Salary Man, Yoshi, richtete, kochte ich eine Etage über ihr dienstags längst auf den Punkt genau auf die Titelmelodie von »Dallas«, mittwochs nach derjenigen von »Denver«. Die Titelmelodien der Serien sind meiner Meinung nach deshalb mit einer solchen Unmenge Trompetensoli und donnernder Chören gespickt, damit sie auch noch das lauteste Pfeifen des Dampfkochtopfes übertönen und einen pünktlich zur ersten Dialogzeile vor den Fernseher holen.

Natürlich war mir bald klar, daß die Carringtons in ihrem neugotischen Anwesen bei Denver den mistduftenden Ewings auf der Southfork Ranch überlegen waren. Während Mutter Ewing, Miss Elli, die Familienkrisen stets bei mitternächtlich geschmierten Peanutsbuttersandwiches in der Ranchküche besprach und es höchstens beim Frühstück vornehm steif zuging, sah man das verstoßene Alphabiest Alexis Carrington in ihrem Penthouse nur beim Champagneröffnen in der Nähe eines Kühlschranks. Sonst dinierte sie selbstverständlich mit Feind und Freund im Le Mirage. (Oder tafelte im Bett, was mich so beeindruckt, daß sie in einem anderen Kapitel dieses Buches nochmals auftreten darf.) Nur einmal packte sie eigenhändig einen Picknickkoffer. Als Blake, ihr erster Ehemann, das Gedächtnis verloren hatte und sie ihn mit vorgeschwindelten Hausfrauenqualitäten zurückgewinnen wollte. So was war Trash mit Klasse, da lohnte es sich, so kompakt und besteckkonform – Details later – zu kochen, daß man während des Essens keine Sekunde von Alexis' Tricks abgelenkt wurde.

Auch wenn Ende der Achtziger noch Tubbs und Crockett von »Miami Vice« dazukamen, waren diese Jahre fernsehmäßig eigentlich eine gemächliche Ära. Sozusagen die vorindustrielle Zeit der Glotze. Man konnte, wenn man vor der Bildröhre essen wollte, gemütlich vor der Serie kochen, ohne groß Dampf geben zu müssen. Mehr als einen Höhepunkt pro Tag gab es bei uns sowieso nicht. Fernsehmäßig und auch sonst nicht. Ich war schließlich noch verheiratet.

Doch heutzutage startet schon vor sechs Uhr abends die Prime Time. Sind gar Mami oder Papi statt des Teenagers Fan von »Unter uns«, »Wer ist hier der Boß?« oder »Verbotene Liebe«, gibt's küchenorganisatorische Probleme. Zu deutsch: niemand kocht. Sind auch die Nachmittagstalkshows ständige Begleiterinnen der, sagen wir mal, Hausfrau, hat schon gar niemand eingekauft. Und zeigen die Sender

KOMPAKTES ZUR LIEBLINGSSERIE

auch morgens Wiederholungen von »L. A. Law« oder »Dallas«, ist auch der Vormittag für Vernünftiges futsch. Zumal man sich noch gewaltig von der Dramatik des Hospitalvorabends, also etwa einer Schießerei rund um blutbesudelte Krankenbahren im »Emergency Room« oder einer Pavianherzverpflanzung im »Chicago Hope« oder den Nachtwiederholungen von »Friends« und »Akte X«, erholen muß. Zu diesem obligatorischen Programm kommen jeweils noch von den Sendern ganz willkürlich eingestreute Mehrteiler, in die man sich für einige Wochen einklinken muß. Sie laufen immer genau zur Essenszeit. Niemand hat angefragt, ob das dem geneigten Publikum paßt. Und nicht zu vergessen, die zwischen den Serien eingestreuten, unbedingt notwendigen ausführlichen Telefongespräche mit anderen Serienprofis zwecks Analyse des Gelaufenen und Prognose des Zukünftigen. Den Video einzuschalten hat wenig Zweck. Erstens besteht die schreckliche Möglichkeit, daß er nichts oder das Falsche aufnimmt, und zweitens, wann soll denn überhaupt noch nachbetrachtet werden? Es wird Sie also nicht erstaunen, daß das Kochen und Essen rund um und vor der Glotze eine genau abgezirkelte Kunst sein muß.

Natürlich haben wir alle schon diese schrecklichen Flugzeugalutabletts samt eingebauter Nahrung gesehen, die man sich in Amerika auf die Knie stellt, dann irgendwie einen Stöpsel zieht, so daß das Food sich zischend von selber erwärmt. Zwar finde ich eine solche Erfindung grundsätzlich genial, doch habe ich mir trotz Serienwut noch eine Portion Verstand und Umweltbewußtsein bewahrt. Es gilt also, zu jedem Programm so zu kochen, daß sich das Gesehene und Gegessene wohlschmeckend und gut verdaulich vereinen. Ich zeige und koche Ihnen das am besten anhand meiner momentanen Lieblingsserien vor. Es empfiehlt sich bei anderen Vorlieben, die Vorschläge einfach nach Ihrem Gusto abgewandelt auf Ihre Favoriten zu übertragen. Die Serienchirurgen sind schließlich überall dieselben Primadonnen.

TV-TIME

Der Vorabendsuppensnack: Tomatentraum mit Truthahnturm

Bei den Vorabendserien, die höchstens fünfundzwanzig Minuten dauern, wird mit Vorliebe gefrühstückt. Allerdings geht es da nicht wie bei unsereins zu: eine hastig gefüllte Tasse Kaffee, mit der im Stehen das Konfitürebrötchen hinuntergespült wird. Nein, im Gegenteil. Auch wenn bei Familie Poppel (»Marienhof«) Heinz gerade das ganze Familienglück zerstört, weil vom Alkoholteufel geschüttelt, steht morgens eine wunderschön drapierte Aufschnitt- und Käseplatte auf dem Tisch. Alles gerollt, gefaltet, gefächert, verziert mit Cherrytomätchen und Gürkchen. Wie hat die nachts dauerschluchzende Gattin Hilde dies bloß fertiggebracht? Auch in der chaotischen WG von Sülo und Svenja, Nadine und vielen anderen Jungen Wilden beginnt der Tag mit dieser fulminanten Aufschnittplatte. Und beim alleinerziehenden, unfähigen Marco steht frühmorgens eine Brötchenauswahl im Körbchen bereit, die auf einen Butler in der Küche schließen läßt.

Kommen wir zum Punkt: Bereiten Sie genau zwanzig Minuten vor Serienstart eine Tomatenbeutelsuppe nach Vorschrift zu. Danach geben Sie eine halbe Dose gestückelte Tomaten dazu, aufkochen. Beinahe fertig. Deckel drauf und warm halten. Für den Truthahnturm brauchen Sie vier Scheiben wirklich frisches Toastbrot (nicht diese abgepackten uralten Krümelscheiben), einige Scheiben Truthahnbrust, schöne grüne Salatblätter, Ananasscheiben und Mayonnaise. Alles auf dem Küchentisch bereitlegen, toasten Sie zunächst das Brot, dann wird die erste Scheibe mit reichlich Mayonnaise bestrichen, darauf Salatblatt, Truthahnbrust, eine Scheibe Ananas. Auf dieses erste Stockwerk wird ein Salatblatt gelegt, darauf Truthahn und Ananas und jetzt als Deckel ein gemayonnaister Toast. Moment, das wird zu kompliziert, ich muß schnell Fritzli anrufen! Hilfe, keine Zeit …

KOMPAKTES ZUR LIEBLINGSSERIE

Nur noch fünf Minuten bis zur Titelmelodie!

Die Suppe wird in eine Tasse abgefüllt, mit einem schönen Schuß Rahm meliert, darauf ein Spürchen schwarzer Pfeffer, der Truthahnturm wird auf einen kleinen Teller gelegt. O-Saft ins Glas, das hält fit, alles auf einen extragroßen Teller stellen. Serviette oder besser Küchentuch unter den Arm klemmen.

»Es ist nichts passiert, tatatata...«, Achtung, Titelmelodie! Spurt zum Sofa oder Bett. Genießen, und nichts geht daneben oder klebt an den Fingern, denn der Truthahnturm wurde ja just in der kritischen zweiten Etage ohne Mayo gelassen, so daß er blindlings geteilt und zum Mund geführt werden kann. (Theoretisch, ich habe das irgendwie auch nicht so richtig begriffen, bitte selber korrekt aufbauen.) Die Suppe ist schön kompakt, kleckert daher nicht und läßt sich dank des kühlenden Rahms ohne störendes Löffelblasen genießen. Solche Suppensnacks schmecken viel besser als dick machendes Vorabendgechipse.

»Bitte schreib, daß Chips oder Salzstengel auch akkustisch nicht geeignet sind, denn vor lauter Geknirsche versteht man gar nichts mehr«, bat Helene um den Hinweis. »Auch Nüßchen sollten nicht genascht werden, denn man kippt sie ja direkt aus der Tüte, und dabei muß der Kopf nach oben gehalten werden, was einem gerade den Moment verpassen läßt, wo Matthias nach zwanzig atemberaubenden Folgen endlich Ortrud seine Untreue gesteht«, gab ich zu bedenken. Sie versprach bei einer Genfer Bekannten nach deren Seriensuppe mit Crevetteneinlage zu forschen. Doch die Ferne nimmt selten das Telefon ab, weil sie dauernd fernsieht. Dieselben Serien wie wir, bloß wird in »Akte X« Agent Dana Scully von Agent Fox Mulder nicht teutonisch scharf »Scally«, sondern charmant »Scölly« genannt. Seit wir das entdeckt haben, ist auch der Montagabend mit einem Zap nach Frankreich total verplant. Auch das italienischsynchronisierte »Molderr« jenseits der Alpen ist nicht ohne. Können Sie sich vorstellen, daß es Leute gibt, die dieselbe Folge in drei verschiedenen Sprachen verfolgen? Ja? Sie gefallen mir. Für Sie lohnt es sich zu kochen.

Die jetzt folgenden Rezeptvorschläge sind ganz auf die Anzahl der Werbeblöcke in längeren Streifen zugeschnitten oder auf die Tatsache, daß wir während einer Notoperation nur Schonkost zu uns nehmen sollten. Vickys Chili con Carne, leicht entschärft, bewährt sich aufs beste im ersten Fall, den mit mindestens fünf Werbeblöcken bestückten Schicksalsstreifen, die jeden Abend zur Prime Time irgendwo zu sehen sind, etwa betitelt »Mein Sohn ist kein Mörder« oder »Lieber Gott, schenk uns ein Baby«. Ich habe das Chili so angereichert, daß man es in jeder Werbepause wieder auf eine andere Weise nachschlagen kann und garantiert rechtzeitig wieder parat sitzt. Für die Krankenhausserien, ich persönlich schaue nur die amerikanischen, muß etwaiger Übelkeit beim Verfolgen von Rückenmarkspunktionen oder Schädelöffnungen vorgebeugt werden. Man kann es sich schließlich nicht leisten, anstatt mitzuleiden, würgend im Badezimmer zu verschwinden. Deshalb gibt's bei mir währenddessen meinen nicht ganz einfachen Grießbrei mit eingebautem Kompott. Und schließlich für alle, die eine Mahlzeitenverlagerung vor den Bildschirm nicht billigen, sondern anständig am Tisch essen, doch auf das Naschen während Reports, Talks, Dokus und Sexfilmen nicht verzichten wollen: Omas Kindeli. Das sind leckere Minikuchen aus der gut auf dem Bauch zu balancierenden Blechschachtel.

Hot TV-Chili-Stuff

Vickys schön dickes Chili con Carne kann bequem in einen Suppenteller untergebracht und mit einem Löffel gegessen werden. Wo immer Sie auch ohne hinzugucken in den Teller zielen, Sie treffen auf ein harmonisches Durcheinander aus Fleisch, Bohnen und sämiger

Tomatensauce. Wie habe ich mich kürzlich geärgert, als ich an einem Chickencurryschlegel säbelte und dabei irgendwie nicht richtig mitkriegte, wieso die »Voyager« in eine Subraumspalte geriet. Deshalb ist bei mir nun jede Bildschirmkost, die zerteilt oder gegabelt werden muß, tabu. Man kann es sich bei den hochwissenschaftlichen Diskussionen um Präworbzivilisationen und schrumpfenden Hologrammbordärzten einfach nicht mehr leisten, auch nur drei Sekunden wegzuschauen. Das gleiche gilt für einen dieser blöden Filme; was, wenn er plötzlich besser wird und man dies wegen des Gabelduells mit unhandlichen Bratkartoffeln nicht einmal merkt?

Für das TV-Chili nehme ich in der Metzgerei kein Rindfleisch – TV macht eh schon crazy –, sondern Lamm- oder Schweinehackfleisch. Für zwei Personen reichen 400 Gramm. Ins Einkaufskörbchen kommen dazu: eine große Dose geschälte, gehackte Tomaten, zwei mittlere Dosen rote Bohnen. Man könnte auch getrocknete nehmen, da gibt es neben den roten auch noch gesprenkelte und getüpfelte und man muß sie am Vorabend einweichen, doch da ist man ja an irgendeinem TV-Tatort zugange, also vorsichtshalber lieber Dose. Ganz wichtig ist ein gutes mexikanisches Chilipulver, öffnen Sie das Glas ruhig und riechen Sie daran. Es muß richtig scharf in die Nase einfahren. Ein Beutel Reibkäse, ein Becher Sauerrahm, Zwiebeln, frisches Basilikum, ein paar Tomaten obendrauf ins Körbchen. Und zuletzt ein gutes Weißbrot. Rechnen Sie eine gute Stunde Zubereitungszeit. Erst wird eine große Zwiebel gehackt, davon zwei Löffel beiseite gestellt, der Rest in etwas Öl gelblich gedämpft, Hitze höher stellen, Fleisch anbraten, so daß es schön krümelig wird. Mit zwei schwachen Kaffeelöffeln Chilipulver bestäuben, schnell drehen und wenden. Falls Rotwein vorhanden ist, mit einem Schuß ablöschen, sonst gleich die Tomaten dazugeben. Aufkochen und zuletzt die gut abgetropften und schnell abgebrausten Bohnen hinzugeben. Zehn Minuten blubbern lassen. Probieren. Erst jetzt wird mit der Würzarbeit begonnen. Pfeffer, gekörnte Gemüsebouillon statt Salz, eine gute Prise Zimt, das gehackte Basilikum und je nach scharfem Gaumen nochmals viel oder wenig Chili, vielleicht sogar noch Cayennepfeffer hineinrühren. Lassen Sie die Chose nun fröhlich alleine weiterdicken. Und räumen Sie schon einmal das angerichtete Chaos auf. Man fühlt sich dann immer gleich so kompetent.

TV-TIME

Achtung, es wird höchste Zeit, anzurichten. Die erste Portion Chili wird in einen Suppenteller geschöpft. Darauf ein nettes Häufchen Zwiebeln. Löffel dazu. Eine knusprige Scheibe Brot. Getränk? Ich empfehle eiskalte Cola mit einer Scheibe Zitrone. Guten Appetit bis zur ersten Werbung. In ihr wird's Zeit für Nachschlag, diesmal mit reichlich Sauerrahm garniert. Die dritte Werbepause wird mit dem Griff zum Reibkäse überbrückt. In der vierten kann nochmals Brot zum Ausputzen des Tellers geschnitten werden. In der fünften rennen Sie garantiert nach einer ganzen Batterie kühlendem Naß oder versuchen diesen leuchtendroten Fleck vom Sofakissen zu schrubben. Wie ich gestern. Sie brauchen übrigens keine Bedenken zu haben, daß Sie das Ende der Werbepause in der Küche verpassen. Richten Sie sich einfach nach dem auf- und abschwellenden Geräuschpegel Ihres Glotzophons. Lautes, permanentes Geschrei bedeutet Werbung, abrupte Stille: Achtung, Film geht weiter. Es soll Leute geben, die gleich in der Küche essen. Das ist phantasielos, erst Ihre präzise Arbeit macht das TV-Dinner zum Vergnügen.

Mein Grieß(schon)brei mit eingebautem Kompott

Auch wenn fünfunddreißig Millionen AmerikanerInnen während jeder Folge »E.R.« Instantbrei oder etwas Schlabbriges aus dem Plastikbecher löffeln, wir machen lieber alles selber. Und vitaminisieren sogar noch mit selbstgekochtem Kompott.

Weizen(voll)korngrieß wird je nach Menge des Publikums gemäß den Maßangaben auf dem Grießpäckchen in warme Milch eingerührt und kurz unter Rühren aufgekocht. An diesem vagen Satz merkt man bereits, daß ich immer zuviel oder zuwenig zubereite und bei Ihnen mengenmäßig nicht ins Fettnäpfchen treten will. Dem heißen Brei wird zur goldgelben Farbgebung ein zerquirltes Eigelb und einige Butterflöckchen zugefügt. Ein Schüßchen Rahm kann auch nie schaden. Wer diätet, kann davon alles oder einiges einfach weglassen. Eine Prise Salz gibt Pep. Vor dem Breichenrühren haben wir (ganz wie in der Fernsehküche) schon ein Schüsselchen Kompott zubereitet. Aprikosen, Pfirsiche, Mirabellen, Zwetschgen entsteinen – je nachdem, was Sie ergattern oder pflücken können –, nicht zu klein stückeln, knapp mit Wasser bedeckt und etwas Zucker und Zimt aufkochen, bis die Früchte nur knapp weich sind. Zuletzt wird Brei und Kompott vorsichtig gemischt, aber nur soviel Saft hinzugegeben, daß die Süßspeise nicht auseinander pflatscht. Nett in eine Dessertschale füllen, tüchtig mit Zimtzucker bestreuen. All dies sollte in einer halben Stunde geschafft sein. Ein Glas nicht zu kalte Milch paßt perfekt zu diesem magenschonenden Luxusbrei.

Eigentlich wollte ich ja noch Omas Kindeli für den erotischen Film und dazu passenden Mümmelsnack um Mitternacht vorstellen. Aber ich bin leider in einer gewissen Zeitnot, es ist schon sieben vor halb sieben. Sie wissen schon ... Ich werde sie ins Kuchenkapitel schieben, das ich am Wochenende schreiben will. Dann kann mich nur »Melrose Place«, die »Lindenstraße«, sicher noch »Space 2063«, höchstens noch ein »Tatort« und die »Emanuelle VIII« davon abhalten. Gewissermaßen Minimalprogramm, da sollte das ja zu backen sein. Mal sehen!

3. GANG Schlaraffenland

Sehnsuchtsrezepte
für große Kids

SCHLARAFFENLAND

Schmatzend wabbelnder Schokoladenpudding mit Himbeersirup, Fischstäbchen mit Mayonnaise, Bananenmilchshake, Erdbeersahneeis, Ravioli aus der Dose mit Käse überbacken, tellergroße Aprikosenkonfitürebrote, zischende Brause und glasharte Colafrösche. Lüpfen Sie den Deckel von den kulinarischen Erinnerungen ferner Kindertage und reisen Sie mit mir zurück in Ihr kindisches Schlaraffenland.

Oje, bitte warten Sie einen Moment mit aufgeschlagenem Buch auf mich. Bei der Aufzählung dieser Köstlichkeiten aus fernen Tagen bin ich so hungrig geworden, daß ich mal zum Kühlschrank muß ...

So, da bin ich wieder. Mein Ausflug in die Küche hat einen nostalgischen Grund. Gestern beim Einkaufen entdeckte ich Sets mit je vier Plastikförmchen, in denen man Eis am Stiel produzieren kann; in der französischinspirierten Schweiz nennen wir dies Glacélutscher. Als ich in dem airconditioned Supermarkt vor einem Gestell meditierte, weil ich wieder einmal die Einkaufsliste vergessen hatte, stachen mir diese Plastikdinger ins Auge, und es überlief mich kalt. Dann spürte ich plötzlich Erinnerungen von zartschmelzendem Erdbeersahneeis auf meiner Zunge. Es war die einzige Eissorte, die wir zu Hause immer im

Tiefkühlfach gelagert hatten. Halt, stimmt ja gar nicht, da gab es doch noch diese Schokoladenrahmeiscreme, die nichts anderes als die gefrorene Variante von Mutters unglaublich zartschmelzender Schokoladencreme war, die trotz einfacher Zubereitung viel besser als jede neumodische Mousse schmeckte. Sie sehen, kaum habe ich den Geschmack von elegantrosaroter Eiscreme aufsteigen lassen, lüftet sich ein Deckel, und es tauchen all die anderen kindischköstlichen Leckereien aus dem Topf meiner Erinnerungen auf.

Natürlich habe ich die Eisförmchen gekauft, dazu ein Körbchen frische Erdbeeren und Schlagsahne. Ich kam mir wie ein Profi vor, denn zu Hause – das konnte in der altmodischen Zürcher Küche meiner Oma oder in der elterlichen Fiftiesbakeliteinbauküche in Winterthur gewesen sein – gab es nirgends in den Schränken solche Fertigförmchen oder gar eine Eismaschine, sondern die fertiggerührte Masse wurde einfach in eine Eiswürfelform aus Weißblech gefüllt und ins Tiefkühlfach gestellt, bis sie gefroren war. Daß es manchmal beim Wegschlecken großzügiger Portionen wegen vereinzelter Eiskristalle zwischen den Zähnen knirschte, tant pis, das gehörte dazu. Um meine kulinarische Vergangenheit der Moderne gegenüberzustellen, beschloß ich, sowohl Lutscher am Plastikstil als auch Erdbeersahneeis in der Eiswürfelform zu fabrizieren. (Aufruf an meinen Jüngsten: Bring mir sofort den Mixer zurück, den du nur für ein Weilchen ausgeliehen hast, angeblich, um gesunde Drinks zu mixen! Ha!)

Sie haben es erraten, es wurde alles ein wenig kompliziert. Der Mixerstab, mit dem die FernsehköchInnen sich niemals live und in Action filmen lassen wollen, sondern schlau unter dem Tisch eine vorher hinter den Kulissen fertiggemixte Masse hervorziehen, wurde bei mir prompt zur tobenden und rutschenden Schleuderkeule, so daß die Küche nach drei Minuten Erdbeerenpürieren wie ein Schlachtfeld aussah. Auch als ich die Schüssel beim Stabkampf tief in den Ausguß versenkte, was ich dringend empfehle, schossen immer wieder erdbeerrote Geysire in die Höhe. Wenigstens hat es sich endlich ausgezahlt, daß ich meine Küche kürzlich miamipink streichen ließ, was damals bei dem Handwerker auf erstauntes Kopfschütteln stieß. Der schlanken Linie wegen mischte ich im letzten Moment das Erdbeerpüree mit zwei Bechern Rahmerdbeerjoghurt statt geschlagener und gesüßter Schlagsahne und füllte mit viel Gekleckse die vier Lutscher mit der Masse. Natürlich muß ich zugeben, daß es nicht richtig geschmeckt hat, die Zunge fror am steinbeinharten Lutscher fest, statt ihn genüßlich zu umzüngeln. »Pah, in Erdbeereis muß ein ganzer Berg Schlagrahm rein, du mit deinem Kalorienfimmel«, amüsierte sich meine Mutter. Merke also, weil immens wichtig: Wenn schon dem kindischen Schlaraffenland nachgekocht wird, muß es exakt genauso riechen und schmecken wie damals. Mogeln gilt nicht.

Einige allerdings legen schon gar keinen Wert mehr darauf, ihren kindischen Gelüsten nachzukochen. Weil sie es doof finden. Oder sie haben es einfach verlernt. Leider. Und bringen sich damit in Teufels ungenießbare Küche. Genau dazu muß ich Ihnen unbedingt die Geschichte des Heiratsdinners von Liselotte erzählen. Sie zeigt, was passiert, wenn man so tut, als wenn man schon ganz groß wäre. Und sich nur Erwachsenenzeugs zumuten mag. In jeder Beziehung.

Genau *die* hatte auch meine teure Freundin Liselotte nicht, und deshalb wollte ich ihr in einem Aufwasch gleich zwei potentiell Richtige vorstellen. Beim Dinner, wo sich Liselotte dann gleich als gewiefte Köchin und Gastgeberin zeigen konnte. Der eine Bewerber war ein Verflossener. Ein etwas ausgeflippter Kreativer, musikalischer Richtung, der glaubte, daß wahre Liebe spätestens nach zwei Sekunden einschlägt. Was er bei mir so eifrig demonstrierte, daß ich eines Tages erschöpft die Flucht ergriff. Aber er war ein sooo Netter und deshalb vielleicht genau passend für meine Freundin. Für die Brautschau am runden Eßtisch hatte er sich hochelegant in Smoking samt Kummerbund gewandet. Doch als Liselotte ihm die Türe öffnete, schaute er sie erst mit aufgerissenen Augen an, dann fiel ihm der Kiefer herunter – sie gefiel ihm nicht. Damit war für ihn die Sache gelaufen, und er stürzte sich wie eine zänkische schwarze Krähe auf all ihre angeblichen Fehler. Der andere Freier war ebenfalls einer meiner Exgefährten. Typ Assistent beim Professor für Sozialgeschichte. Also vorzeigbar, kein Redemuffel und mit gesicherter Zukunft. Ihm war jedoch nach drei Begrüßungsfloskeln gleich klar, daß die gute Liselotte ihm intellektuell unterlegen war. »Aha! Nicht einmal *ein* russischer Anarchist ist dir ein Begriff? Also wirklich, kaum zu glauben«, schnaubte er.

Unsere Gastgeberin bekam von diesem Nervenkrieg gar nichts mit. Denn sie hatte sich für diesen Abend ein ausgeklügeltes Menü ausgedacht. Was bloß einen Haken hatte: Ihre Küchenkünste hatten sich bislang im Anrühren von Drei-Minuten-Suppen und Brutzeln von Tiefkühlfood erschöpft. So kostete sie die hausgemachte Broccolisuppe drei Stunden an Einkauf, endlosen Telefongesprächen mit mir und ihrer Mutter und einen bandagierten Daumen. Die zwei Flegel am Tisch schlürften sie schweigend. »Schmeckt es?« fragte Liselotte ihre beiden Zukünftigen. »Die *muß* wohl kalt sein!« bemerkte Flegel eins, worauf beide hämisch zu gackern anfingen. Ich trat sie ans Bein. Liselotte war unterdessen allerdings schon wieder in ihre bis vor kurzem noch unbekannte Wirkstätte geeilt. Ein Schrei. Der zweite Gang, mit irgendeinem exklusiven Fisch gefüllte Lauchhäppchen, bereits umhüllt von einer knallgelben Sauce, stand vergessen und ungegart auf dem Küchentisch. Als die beiden Miesmacher die Panne realisierten, freuten sie sich mächtig und gaben prompt eigene kulinarische Sternstunden zum besten. Jetzt wand sich auch meine arme Freundin vor Verlegenheit. Und ich mich vor Wut.

Beinahe wäre der Abend zur Katastrophe geraten, wäre da nicht noch ganz überraschend Tann, der Urbursche aus den sanften Hügeln des Appenzells, eingetroffen. Er, der bei meinem Exkreativen zu Besuch weilte, wollte es sich nicht nehmen lassen, bei der Zukünftigen seines besten Freundes seine Aufwartung zu machen. Er spielte den Kontrabaß in einer schrägen Band namens »Appenzeller Space

Schöttl« und war noch in sein Bühnenkostüm, einen ziemlich verblichenen Frack mit wehenden Rockschößen, gekleidet. Als Tann Liselotte mit ihren vor Verzweiflung geröteten Wangen erblickte, stand er wie vom Blitz getroffen bockstill und rief: »Mein Gott, welch ein Prachtweib!« Dankbar nahm er am Tisch Platz, kostete verzückt die wabbligkalte Suppe, pries die inzwischen mit einer bräunlichen Haut überzogene Hauptspeise als kulinarisches Ereignis und beneidete wortreich die beiden anderen Tischherren, die um eine solch wundervolle Frau buhlen durften. Alles, was sie tat, wie sie sprach, wie sie ging, ja wie sie kochte, fand er einfach grandios. Und all diese Komplimente äußerte er mit absoluter Aufrichtigkeit. Dank seiner Anwesenheit, seiner kindlich erfrischenden Begeisterung avancierte Liselotte zur Starköchin. Es hätte wohl auch gereicht, wenn sie Tann aus dem Appenzell einfach einen Teller Buchstabensuppe hingestellt hätte.

»Sag mal ehrlich, was war als Kind dein absolutes Lieblingsmenü«, wollte ich für dieses Kapitel von Liselotte wissen. Aber erst nachdem wir uns über damals noch ordentlich kaputtgelacht hatten. »Fischstäbchen mit ganz viel Mayonnaise«, sagte sie, ohne nachdenken zu müssen. Schade, daß Liselotte damals nicht genau die brutzelte, statt ein langweilig mühevolles Erwachsenenmenü aus dem Hochglanzkochalmanach hinzupatzen. So wären die beiden Wichtigtuer im Nu zu bösen, kleinen Rotzbuben geschrumpft (worden), die wegen schlechten Benehmens bei Tisch mit hängenden Köpfen in der Ecke hätten stehen müssen. Während Liselotte sich an deren Portion Fischstäbchen hätte delektieren können. Beinahe genauso wie bei uns zu Hause. Wenn Fritzli frech war und ins Zimmer geschickt wurde, verputzten Helene und ich gemeinerweise sein Dessert. Bis er sich angewöhnte, vor seinem Exil schnell in die Küche zu eilen, um in die Schokoladenbirnen zu spucken.

Jetzt frage ich Sie: Wieso mühen wir uns in der Küche eigentlich wie die Großen ab? Und kochen all das, was wir erstens gar nicht können und irgendwie auch nicht mögen? Ich habe da so meine Erfahrungen mit angeblichen Küchenstars, meist männlichen, aus meinem Bekanntenkreis. Schon die Einladung zum, wie sie langfädig erklären, absolut ungewöhnlichen und sensationell aufwendigen Menü erfolgt in todernstem Ton. Wenn man bei ihnen eintrifft und in der Küche in ihre Töpfe gucken möchte, schreien sie pikiert auf. Sie vergessen ob all dem Streß, den sie für ihr kompliziertes Menü veranstalten, den Gästen ein paar Nüßchen hinzustellen. Und wenn man nach einer vollen Warterunde im Wohnzimmer darum bettelt, sind sie empört: »Das würde euch doch nur den Appetit rauben!!!« Beim Essen kleben sie an jeder Gabel, die man zum Munde führt, und erwarten schon nach dem ersten Schlucken den Kommentar, der gar nicht überschwenglich genug ausfallen darf, auch wenn der süßsaure Tofu furztrocken ist, der in Balsamico geschmorte Fisch aussieht wie eine zweijährige Schuheinlage und in der Riesenschüssel voll sandigem Salat bloß drei Teelöffelchen Himbeeressig dümpeln.

Danach muß man, weil die Küche wie nach einem Erdbeben aussieht, anstandshalber und vor Dankbarkeit für die soeben erlebte kulinarische Sternstunde triefend, noch selber dort Hand anlegen. Ich gehe jetzt extra nicht noch mehr ins Detail, denn diese Köche sind so empfindlich wie Mimosen im Frost. Und immer ein wenig frustriert – sie ahnen selber, daß sie nicht das Gelbe vom Ei kochen. Dabei hätten gerade diese Kochsüchtigen bestimmt kindischkulinarische Erinnerungen in petto, die sie unter klebrigen Seen von aus Umbrien eigenhändig angeschlepptem extra, supra, mega vergine Olivenöl energisch verdrängen, aber in Wahrheit schaurig gerne heraufbeschwören und kochen würden. Vielleicht diesen besten Schokoladenpudding der Welt? Nur ihn pur, das heißt ohne Vor- oder Mittelspeise. Dafür wahlweise mit Schlagrahm oder Sirup verziert und übergossen, oder gleich beides miteinander und übereinander. Zum Knallvollsattessen, Bauchweh inbegriffen. Oder wie wäre es mit tellergroßen Broten, dick mit ganz frischer Aprikosenkonfitüre und dazu ein Glas perlendes Sinalco?

SCHLARAFFENLAND

Mit viel Käse überbackene Büchsentomatenravioli und grüner Salat an Fertigsauce, aber die dickflüssige mit Senf? Eine Runde Bananenfrappé mit mindestens drei Zentimeter Schaum obendrauf? Der Einfachheit halber zähle ich hier gleich meine eigenen Lieblingsspeisen aus früheren Tagen auf. Wann darf ich sie endlich wieder einmal kosten? Bei jenen Köchen, seltener Köchinnen, die mir regelmäßig mit Sechs-Gang-Manövern den Appetit verderben?

Oder sind Sie etwa auch so eine/r? Und ahnen es langsam auch, weil Ihre Wunschgäste zufälligerweise immer gerade in die Ferien reisen, wenn Sie eine Einladung zu dieser Fischtorte aussprechen, deren Rezept Sie in St. Tropez nur unter großen Gefahren ergattern konnten. Schmeißen Sie doch dieses ganze Pipapo in den Müll und laden zum Nostalgieschmaus. Die einzige Einladungsform, die den Gästen und Ihnen selbst wirklich Spaß machen wird, weil alle das essen dürfen, was sie lange Zeit sehnsüchtig nur erträumten. Wie's geht? Ganz einfach:

Bitten Sie Ihre nettesten Freunde und Freundinnen herbei und fordern Sie sie auf, ihre kindlichkulinarischen Topfavoriten gleich selber mitzubringen. Und damit das Essen nicht zu einem bloßen Chor von andächtigen Mmmmhs und Ahhhhs gerät, sollten alle dazu noch ihr Lieblingsbuch auf dem Speicher ausgraben und daraus eine Stelle vorlesen. Ich habe so etwas bereits einmal ausprobiert, und es war die lustigste und aufregendste Einladung – Sie wissen bereits, ich drücke mich sonst liebend gerne vor Gästen –, die je bei mir stattgefunden hat. Ich selber habe gratinierte Büchsenravioli und Kopfsalat mit Fertigsauce beigesteuert und aus »Pippi Langstrumpf« das Schulkapitel vorgelesen. Da, wo Pippi die Plultimikation übt, während sie draußen vor dem Schulfenster an einem Ast hängt. Außerdem wurden Maispizza mit der »Roten Zora« serviert, Grießschnitten mit Zimtzucker und Apfelmus, dazu »Blitz, der schwarze Hengst«, Salzkartoffeln an dicker weißer Sauce und »Asterix und Kleopatra«, zum Dessert schnieften wir alle mit einem Colafröschchen in der Backe über das traurige Schicksal der »Schwarzen Brüder«.

SEHNSUCHTSREZEPTE

Mein eigenes Rezept fand riesigen Anklang, und das nicht nur bei mir:

Büchsentomatenravioli mit Käsedeckel und Kopfsalat an Fertigsauce

Dazu sucht man sich die Ravioli mit dem farbigsten Etikett aus. Es muß unbedingt Büchse sein, die frischen vom Italocomestibleladen zählen nicht. Nach dem Öffnen stibitzt man mindestens zwei Ravioli kalt. Das gibt eine Vorahnung, wie köstlich sie warm sind. Nach dem Erhitzen der Ravioli in einer Pfanne, was blubbernd spritzt, leert man sie in eine runde Glasgratinform und bedeckt sie dick mit Reibkäse. Aber bitte kein Parmesan, der ist zu vornehm. Dann wird im sehr heißen Ofen schnell überbacken, bis die Käsekruste genau richtig knusprigbraun ist. Dies kann überprüft werden, indem man oben ein Ravioli wegklaubt, es in den Mund schiebt und sich ganz eklig dabei verbrennt. Keine Katastrophe, sondern tägliches Kinderpech. Dazu gibt es eine große Schüssel Kopfsalat, verschwenderisch mit einer Salatsauce aus der Flasche angemacht, die man zum Schluß aus dem Teller schlecken muß. Ich empfehle Thomysauce mit viel Senf. Solcherart wurden wir Kinder mindestens einmal die Woche bekocht, dann wenn Karoline Frohgemut große Wäsche machte und keine Zeit zum Einkauf hatte. In unserem Küchenschrank standen deshalb immer ganze Batterien von Raviolidosen, die mein Vater, der ein scharfes Auge für Aktionen hatte, regelmäßig erneuerte.

Der da könnte auf einer Nostalgieparty gut durch noch immer vorhandene Vorderzahnlücken gepreßt werden:

Schubladenschokoladenpudding

Meine Liebesgeschichte mit Schokoladenpudding erstreckt sich über zwei Phasen. Als ich noch klein und dick war, so um acht Jahre alt, entdeckte ich in unserer Küche das Wunder der Puddingpulverbeutel. Marke Dawa, Geschmacksrichtung Schokolade. Und daß schon ein einziger, mit Milch angerührt und gekocht, sich im Nu in einen kompakten Schokoladenhügel verwandelte, den ich noch vor dem totalen

Erkalten diskret in der Schublade meines Hausaufgabenpultes verwahren konnte. Zwischen zwei Dreisätzen zog ich schnell den Pudding hervor, stach einen großen Löffel ab und ließ ihn träumerisch auf der Zunge vergehen oder preßte ihn zwecks Genußverlängerung erst mal durch meine Vorderzahnlücke. Dabei stellte ich mir vor, wie ich mutig das Schlaraffenland erkunden würde, das ja bekanntlich von einer Puddingmauer umgeben ist, die man erst durchschmatzen muß, um an die Bäche mit Vanilleeisinseln zu gelangen. (Die abwegige Version einer Mauer aus Milchreis verwarf ich aufs schärfste, den mochte ich nämlich nicht.) Irgendwann fiel meiner Mutter ein Rezept für einen selbstgemachten Schokoladenpudding in die Hände. Fortan wurde kein Puddingpulver mehr gekauft, und ich kam zu bedeutend weniger Schokoladenpuddingbergen. Doch der Neue war eindeutig besser. Trotzdem, den pulvrigen möchte ich auch heute nicht missen. Er schmeckt besonders köstlich, wenn er noch ganz warm und flüssig ist. Unbedingt testen!

Homemade Schokoladenwabbelpudding mit einem Himbeersirupbach

Dieser Pudding wird nicht im Wasserbad gekocht, eine Zubereitungsart, die ich wahnsinnig kompliziert und energiefressend finde. Für meinen Pudding benötigt man sieben Deziliter Milch, von der man gleich zwei Deziliter beiseite stellt. Dann werden eine Tafel (hundert Gramm) gute schwarze (Koch-)Schokolade langsam in einer mittelgroßen Pfanne geschmolzen. Damit dabei nichts anbrennt, gibt man vier Eßlöffel Wasser dazu. Und ein Schüßchen Kaffeepulver. Während alles schmilzt und man sich beherrschen muß, nicht gleich mit dem Löffel darauf loszustürzen, löst man zur Ablenkung zwei gehäufte Suppenlöffel Mondamin in der beiseite gestellten Milch auf. Gut mixen, denn sonst beißen Sie nachher auf Knöllchen. Mittlerweile ist die Schokolade schön flüssig, gießen Sie jetzt die fünf Deziliter Milch dazu, rühren ganz gründlich um und kochen auf. Erst jetzt wird die »gedopte« Milch hinzugegeben.

Um Himmels willen, rühren, rühren: Angebrannter Pudding ist absolut scheußlich. Nach nur einer Minute – der Pudding sollte schon deutlich dick blubbern – in einem Rutsch etwa drei Suppenlöffel Zucker hinzukippen, nochmals blitzschnell umrühren. Nun wird der Schokoladenamazonas nur noch in eine mit kaltem Wasser ausgespülte Form gekippt und ausgekühlt. Aber nur so lange, daß er innen noch ein Spürchen warm ist. Beim Anstechen durch die köstliche Haut und dem Auf-den-Teller-Hieven sollte er schmatzend wabbeln und schließlich den Himbeersirup, ohne einzustürzen, über sich laufen lassen. Ich persönlich bevorzuge ihn allerdings mit geschlagenem Rahm gekrönt. Eine kitzlige Geschmacksfrage, die meine Familie in eine sich erbittert bekämpfende Sahne- versus Siruppartei teilt. So oder so, so lecker, daß einem beim Löffeln die Tränen kommen.

Damit machen Sie auch flotte Furore:

Bananenshake mit Schnäuzchenschaum

Als Teenager wollte ich immer eine so tolle, keck wippende Außenwelle wie Helene. Diese Tolle hatte nämlich eine wahnsinnige Wirkung auf Jungs. Doch sie befand mein Haar als zu dünn. Erklärte sich aber großmütig bereit, mir täglich einen Pferdeschwanz zu frisieren. Während sie mir die Haare so fest nach hinten bürstete, daß ich Sternchen sah, dudelten dazu die Bravohitparade oder die neuesten Hits von Clo-Clo aus Radio Europe No. 1. Danach mußte ich ihr regelmäßig Bananenmilchshake mixen, den wir noch im Turmixglas in ihr Zimmer trugen und über den Starfotos schlürften. Mit Shakeschnäuzchen verziert, diskutierten wir dabei das Liebesleben von Paul McCartney, den ich seiner Adrettheit wegen so sehr verehrte, daß ich überzeugt war, daß er da unten nicht so ein komisches Ding baumeln hatte. Was ich aber Helene, die auf den Schmuddelsoftie Michel Polnareff stand, nie verriet. (Diese erschütternde Wahrheit bestritt sie beim Vorlesen dieser Textstelle übrigens aufs heftigste, ich versprach,

sie zu streichen. Tja, doch raten Sie mal, wer heute am längeren Hebel sitzt ...)

Das Geheimnis eines guten Shakes, auch Frappé genannt, sind genauso viel Früchte wie Milch. Wenig Zucker. Und ja keine Eiscreme. Man schnippelt den Mixer dreiviertelvoll mit Bananenscheiben, gibt kalte Milch dazu, bis sie knapp bedeckt sind. Jetzt wird der Mixer erst langsam, dann volle Pulle abgefahren. Deckel drauf nicht vergessen. Nach einem Testschluck wird vorsichtig Zucker hinzugefügt. Nochmals ganz stark mixen, bis sich viel Schaum türmt. In großen, gierigen Schlucken trinken. Spätestens nach zwei Gläsern vermeint man zu platzen. Ein schönes Gefühl.

Danach werden sich alle die Finger lecken:

Tellergroße Aprikosenkonfitürenbrote

Jeden Nachmittag, wenn ich aus der Schule heimkam, schmiß ich den Schulranzen auf die Schuhablage und eilte schnurstracks in die Küche, wo Karoline Frohgemut schon den »Zvieri«, die Nachmittagsjause, bereitgestellt hatte. Ich lümmelte mich auf einen Hocker, sie plazierte ihr großes Hinterteil schweratmend auf der Küchenbank mit dem Blümchenplastiküberzug. Meist schlürfte sie ungeniert laut ihren Milchkaffee, während ich mein Sinalco trank. Dazu gab es Konfitürenbrote. Im Sommer allerdings konnte es passieren, daß um vier Uhr nachmittags in der Küche noch immer Einmachhochsaison war: Karoline kochte kiloweise Beeren oder Aprikosen zu Konfitüre ein, die sie in langen Reihen bereitgestellter Gläser aller Formen und Farben abfüllte. Ein Glas wurde dann noch offen und heiß auf den Tisch gestellt, und wir schmierten uns große Scheiben Brot erst mit Butter, dann dick mit der frischen Konfitüre. Noch heute setze ich mich täglich um Punkt vier Uhr hin, um ein Konfitürenbrot zu essen.

Und trinke Milchkaffee wie Karoline statt Sinalco. Times they are a changing, wie Bob Dylan zu bemerken pflegt.

Karolines Aprikosenkonfitüre

Ein Pfund reife Aprikosen wird gewaschen, geviertelt und mit vierhundert Gramm Zucker zügig aufgekocht. Verschwenden Sie keinen Gedanken an Gelierzucker oder -mittel. Aprikosen dicken schnell und gut ein. Mit Zusätzen geraten sie allerdings garantiert zum Gummiball. Sanft blubbern lassen, dabei immer wieder einmal umrühren. Je nach Größe werden zwei oder drei leere Konfitürengläser samt den passenden Deckeln heiß ausgewaschen und auf einem Küchentuch umgedreht hingestellt. Nach etwa zehn Minuten einen dünnen Klacks Konfitüre auf ein Tellerchen geben. Hin und her bewegen; wenn sie gleich geliert, ist der Rest im Topf abfüllfertig. Ein Glas lassen Sie gleich offen, die anderen werden fest zugeschraubt. Jetzt seufzend hinsetzen und löffelweise Konfitüre auf dicke Milchbrotscheiben laden. Schmatzend genießen. Natürlich läßt sich eine so tolle Konfitüre auch mit Zwetschgen oder Mirabellen herstellen. Beide Früchte dicken toll ein.

Falls Sie in nächster Zeit eine Nostalgierunde organisieren und mich dazu einladen, bringe ich echtes Erdbeersahneeis mit, dessen Rezept ich noch nicht verraten habe, und zum Trinken Brausepulver mit Orangenaroma. Und lese aus »Globi auf dem Bauernhof«. Wetten, daß ich damit alle anderen in Ihrer Große-Kids-Runde schlage?

4. GANG Hilfe, Streß

Marathon WoMan
kauft ein
und kocht alle ab

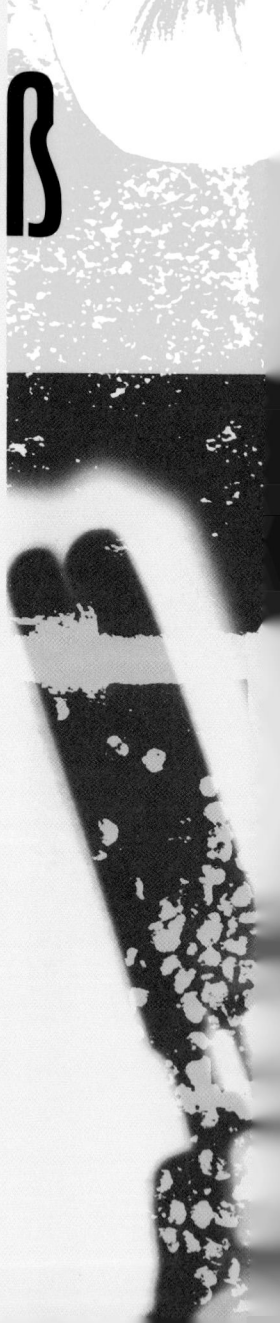

HILFE, STRESS

Das wollte ich schon immer mal schwarz auf weiß aufschreiben – die Jagd nach dem täglichen Brot, eine ganze mühselige Woche lang. Eine wahre Held-Innentat, versichere ich Ihnen. Außerdem macht sie unglaublich erfinderisch. Denn wer in der Küche zur Essenszeit konstant von Familie, Katz und Hund belagert wird, kann sich nur noch durch chaotische, aber erstaunlich wohlschmeckende Hakenschläge vor dem Untergang retten. Achtung, fertig, los!

Für Berufsfrauen (seltener: Berufsmänner, denn deren Kühlschrank ist merkwürdigerweise durch weibliche Hilfe wenigstens halb gefüllt) ist in Europa jeder Wochentag der Vortag vom Feiertag: immer gehetzt, immer zu spät, immer das Falsche, immer zu teuer. Und nur selten ein unerwartetes Klatschminütchen im Laden um die Ecke oder eine nette Überraschung im Restaurant. Eine Nahrungsjagd, die derjenigen von Urzeit-Mammutjägerinnen in nichts nachsteht. Moment mal, damals haben ja die Frauen den Männern noch den Speer in die Hand gedrückt, und die mußten dann »einjagen« gehen. Nachher stand für die Frau nur noch primitives Abkochen der Beute auf dem

Programm. Heute haben Berufsfrauen dank dem Sprung von der Höhle in die, na ja, untere Kaderetage alles am Hals: die Jagd nach dem täglichen Brot, wo auch immer, und oft dessen Finanzierung. Und schließlich, wenn sie schon ganz geschafft sind, auch noch die fettspritzende Zubereitung am Herd.

Es folgen nun die Notizen einer ganz gewöhnlichen Woche, mit dem Titel: »Marathon WoMan – auf der Jagd nach dem täglichen Brot«. Ausrüstung: viel zuviel Geld, griffige Schuhe, robuste Magenschleimhaut, Schirm, Nerven wie Stahlseile, Auto, Galgenhumor, Hunger. Hollywood hat sich bereits dafür interessiert. Mit Kathleen Turner als Leading Lady und Arnie in der actionmäßig eher unbedeutenden Nebenrolle.

Montag – Der Schatz im Kühlschrank

Morgens stört mich keiner im Café um die Ecke, wo ich halbschlafend immer denselben Milchkaffee und Croissants, wenn ich Pech habe, die von gestern, hinter der Zeitung verschwinden lasse. Darauf zu Hause hoffnungsvoller Blick in den Kühlschrank: Was gibt's da drin für den Bürolunch über dem Computer oder – ein wenig gesünder – der Zeitung am Küchentisch? Und es gibt: eine halbe Banane, zwei gekochte Kartoffeln und Salat. Auch für den Abend liegt noch genug im Eisschrank herum. Deshalb kann ich mittags schnell kreativ Reste mixen und nachmittags ruhig arbeiten, denn das heutige Abendessen, dasselbe wie das gestrige, rasend schnell wahllos Viertel vor vier am Samstag eingekauft, muß nur noch in die Mikrowelle. Wir essen dreiviertel Huhn, Reis und Fenchel. Nachher im Stehen in der Küche Strawberry, Caramelita, Stracciatella, gleich aus der Packung. Und versuchen, uns nicht mit den Löffeln in die Quere zu kommen. Bin allerdings benachteiligt, denn ich griff aus Liniengründen zum Kaffeelöffel, während die Männer im Haus sich mit denjenigen für die Suppe bewaffnet haben.

HILFE, STRESS

Dienstag – Aus fremden Landen ziemlich frisch auf den Tisch

Muß ich nochmals wiederholen, daß ich morgens alleine speisen will und sogar darf? IN RUHE! Der Familienrest ist schon abgerast. Um mich ein wenig zu gruseln, heute ist sowieso Putz- und Aufräumtag, kaufe ich Sandwiches und Salate im Supermarkt um die Ecke ein. Links ein Alki, rechts ein Junkie. Die müssen auch einkaufen und essen, sage ich mir, aber wieso gerade neben mir? Die Stadt macht zynisch, seufze ich und beschließe, die Einkaufsmöglichkeiten in einem anderen Viertel zu testen. Ach Gott, ist es da schön und ordentlich! Die Straßen proper, die Alleebäume tatsächlich grün und nicht schüchtern aus Müllsäcken und illegal entsorgten Fernsehern und Sofas herausragend. Im Ökoladen kaufe ich politisch korrekten Kaffee, der allerdings so schwach ist, daß er mich nicht aus dem Schlaf über den Computertasten reißen kann, dazu eine Tafel Schokolade ohne Alufolie und teste ökologisch unbedenkliche Bananen. Der Besitzer des Lädchens ist interessanterweise ein israelischer Macho, der beim Bananenhochhalten über Frauen und Politik gleichzeitig fachsimpelt.

Aber richtige Lebensmittel schleppe ich dann doch aus dem großen Supermarkt. Nur reiche Gastrotester kaufen so ein: da ein Salätchen, dort der Himbeeressig, hier die Eierchen. Und kosten tut es tralalala, Hauptsache, Extraqualität. Was sie dann in ihren Kolumnen unverschämt unbedarft verkünden dürfen. Hahaha, lacht die Cityfrau. Wir leben nicht wie die auf Spesen. Meinen Eintopf – wegen Schnellküche nach keinem Rezept – finden dann abends alle so lala. Und das Kind mault spätabends nach dem Kinobesuch und schiebt Pizza von letzter Woche in die Welle. Hätte ich ihm das Alter des Teigfladens gestehen sollen? Ach was, die Mikrowelle tötet angeblich alles ab. Die Mikroben natürlich. Typisch Rabenmutter.

Mittwoch – Desastertag

Der Tag beginnt mit einem Absteller, morgens, als mein Stammcafé bumsvoll ist – welch ein fataler Tagesstart –, dann mittags, als auf jedem Sitzknauf des Schnellrestaurants schon ein Hinterteil thront, in der Trattoria, wo das Menü schon teilweise ausverkauft ist. Nur fast, so daß mein Liebster keinen meiner Hungertobsuchtsgiftanfälle vor versammeltem Publikum fürchten muß. Dann abends, während ich an diesem Text schreibe, um 18.27 der Blick auf die Uhr: Scheiße, nix eingekauft – Sie wissen, was das bedeutet. Tränen der Wut, weil der Filialleiter einem schadenfreudig das Körbchen wieder entreißt, kaum ist man unbemerkt durch die Drehtür gewetzt. Deshalb Take-Out auf chinesisch. Da stehen schon Leidensgenossinnen an, und der Koch keucht vor Streß und kocht eklig

Donnerstag – Singing in the Rain

Café leer, Croissants knusprig, Zeitung spannend. Und mittags, erst nachdem ich meinen Gefährten vor den Toren der Fabrik, na ja, des Büros, erwartet habe, da kommt Romantik auf: bei Canapés – der vornehmen Form des banalen Sandwiches –, Birchermüesli und Hagel. Und wir zwei, immer noch Turteltauben, schaffen die Köstlichkeiten unter dem Schirm rennend und singend ins parkende Auto und essen dort, ganz ohne zu kleckern. Da herrscht Hausfrauenfreude, weil es keine Erdbeerflecken einzuweichen gilt. Und abends erst: Im Restaurant, wo es noch lärmverschluckende Teppiche und aufmerksame Kellnerinnen gibt, kocht der trendige Koch Löwenzahnsalat, Spargel, Gnocchi, alles frisch und gut. Und dabei haben wir über dieses Lokal beim Vorbeifahren immer ein wenig arrogant die Nase gerümpft. Tja, Frau lernt nie aus. Und das Allerbeste: War heute nicht einkaufen. Juhu!

HILFE, STRESS

Freitag – Verpatzt nach Hausfrauenart

Heute soll es Selbstgemachtes sein, schwor die Mutter/Hausfrau/ Schreiberin feierlich und eilte zwischen zwei Texten in den Volg, genauer den Verband Ostschweizerischer Landwirtschaftsgeschäfte oder so ähnlich. (Merke: Wir sind heute auf Landpartie.) Und kaufte ein: Salat, Hühnchen, Maggisauce, Milch, Kiwi, Mais, Brot, Primeln. In einem solchen Allerleiladen, der ein Dorf noch versorgen muß – wenn alle anderen Geschäfte schon dichtgemacht haben, weil das Shoppingcenter lockt –, ist der Einkauf tägliches Frauen-Klatschmeeting zwischen Atrix-Sonderangebots-Doppeltuben und Bananenständern. Wußten Sie schon, daß Frau A. vom Gatten der Frau B. nicht mehr gegrüßt wird wegen der Kinder? Oder waren es die Hunde? Und was geschah vorher? Leider wäre es aufgefallen, wenn ich meine Ware beim gierigen Lauschen noch langsamer in den Sack gestopft hätte. Und so muß ich das Drama um zwei Familien im Kampf um Kind und Hund beim nächsten Mal mitverfolgen. An der Kasse im Kaff. Also gut: Ich wollte davon ablenken: Das Abendessen, eine opulente Mischung aus schlechtem Gewissen und komischen Zutaten, war schrecklich; mir wurde schlecht. So daß ich während des Hundepipigangs rasend schnell in die nächste Kneipe stürzen mußte, um Kamillentee zu trinken. Massimo ließ sich derweil ein riesiges Karamelköpfchen schmecken. Was ich nur überlebte, indem ich mich mit der Speisekarte davon abschirmte.

Samstag – Familie Saubermann kauft ein

Oder eben nicht. Aber von Anfang an: Heute und nur heute gibt's im Alternativladen die besten Croissants der Stadt. Im Auto gegessen, während hinten der Hund seufzt – er muß zum Tierarzt. Später hebt unter uns ein rechter Streit an, weil ich ins Café Kern (»jetzt testen wir das mal, wir müssen doch nicht immer in demselben Laden hocken«), Sohn ins Chicco (»ich will mein Clubsandwich, das ist dort am höchsten«), Mann ins Grecco (»dort gibt's Donuts«) will. Sohn gewinnt. Wie immer. Nachmittags fahren wir nach Luzern auf eine Messe. Neben Treppenverkleidungen, Sprudelbad, Massagegeräten möchte man uns Magenbrot, Hot Dogs, Bratwurst und Raclette auf Plastiktellern verkaufen. Und genau das haben wir auch alles verschlungen. Und dabei vergessen, fürs Wochenende einzukaufen. Nein, nein, wir spinnen nicht, wir sind eine ganz normale, moderne Familie. Bloß wird über uns nie in den TV-Spots berichtet. Da kauft Mami jubelnd und immer super getimt ein, kocht schmunzelnd und macht alles so richtig richtig. Gähn. Ach was, ich bin bloß neidisch.

Sonntags – Frühstück bei Tiffany's

Den Film gab's. Den über einen Familienlunch im Grandhotel Dolder's leider nicht. Aber genau da waren wir. Allerdings ohne Kind. Das mußte zuerst mit MacFood versorgt werden. Wie üblich CheeseburgerRoyalneunChickenMacNuggetseinmalsweetandsoureinmalmustardsaucezweimalCookies. Übrigens: Bei Mac gibt's die besten Pommes frites. Das ist überhaupt das Produktivste am Rennen um die tägliche Ration: Frau weiß bald genau, wo es was am schnellsten, besten und billigsten gibt. So ist die Cityfrau nach all den gekeuchten Einkaufsmeilen langsam, aber versiert eine unbarmherzige Laden- und Kneipenkennerin. Fragen Sie mich doch mal, wo die Einkaufswagen so pervers groß wie Lastwagen, die Kellner am feschesten sind, wo man samstags auch noch um drei nach vier in den Laden schlüpfen darf, um für den nicht existierenden »povero marito« einzukaufen, es die leckersten Fast-food-Salate gibt. Eine umfassendere Liste kann bei mir gegen Erstattung der Unkosten angefordert werden.

HILFE, STRESS

Beim vornehmen Lunch im Dolder habe ich dann ohne Hemmungen zugelangt. Wo gibt es für rasende Frauen sonst noch eine Unmenge von Köstlichkeiten, die sie a) nicht selber einkaufen, b) kochen und c) auftischen muß? So schöne Hotels ahnen gar nicht, welch wichtige therapeutische Rolle sie im Leben von Marathonfrauen spielen: Alles ist schon da. Und nach dem Essen darf sie einfach aufstehen und gehen!

Doch die Strafe folgt sogleich. Lesen Sie doch nach. Wann haben wir zum letztenmal eingekauft? Richtig, am Freitag, und jetzt ist nichts mehr da. Deshalb muß ich am heiligen Sonntag hinunter in den Bahnhofsladen, der gnädigerweise offen hat. Proppenvoll ist es da immer. Die Kreativen von Zürich kaufen eben lieber sonntags ein, weil trendig und teuer. Und mittendrin ich. Mit einem Sherryessig im Wägelchen, damit ich nicht auffalle, dafür die Milch vergessen. Gegessen hat das Eingekaufte dann niemand. Ich vermute, es gab nach langer Diskussion »eat me«. Sie wissen nicht, was das ist? »Eat me«, worunter meine New Yorker Freundin kichernd einen höchst unmoralischen Service vermutet, bringt von der Pizza bis zum Chili con Carne alles eilfertig ins Haus, ist im Unterschied zu meinem eigenen Einholservice schweineteuer, wird jubelnd empfangen und mit reichem Trinkgeld belohnt.

Fazit: In der dokumentierten Woche haben wir nichts gegessen, was ich nun gleich als geniales Allzweckfutter für die ganze Familie präsentieren könnte.

Aber ich wollte wirklich wahrheitsgetreu eine ganze Woche Einholjagd präsentieren, ohne nicht stattgefundene Mahlzeiten hineinzumogeln. Außerdem bin ich langsam doch etwas privilegierter geworden: Die Hungrigen in meinem Haushalt sind heute fähig, den Kühlschrank selber zu finden oder sich, murrend zwar, Richtung Imbißecke zu begeben. Das war früher, als Jacques und Alexander noch klein waren, nicht so schön.

Um jene anstrengenden frühen Jahre nochmals Revue passieren lassen zu können, habe ich gestern Alexander, der nach dem Putzen seiner Miniwohnung bei uns Stärkung suchte – »Ich bin völlig fertig, was gibt es bei euch zu essen? Ah so, Huhn mit Gemüse! Gut, ich bin in fünf Minuten da!«, Mutter hängt seufzend ein, legt noch ein gutes Pfund Kartoffeln nach –, befragt.

Mutter, beschwörend: »Du kannst dich doch sicher noch daran erinnern, als du klein warst und Freunde zum Essen mitbrachtest, da habe ich immer diese Currybananen gekocht, die ihr so gerne gegessen habt?"

Sohn, lacht ungläubig: »Was, du hast doch nie gekocht! Ich mußte ja reihum immer bei Nachbarsfamilien essen. Na ja, gut, diese Bananen, aber die waren einfach schrecklich.«

Mutter, empört, jedoch leicht verunsichert: »Das stimmt ja gar nicht.« Geht beleidigt in die Küche ab, denkt nach und ist sich sicher, es gab sie, diese

Eins, zwei, drei Currybananen für Kinder- und andere Horden

Gut, es könnte sein, daß sie eben stets von jenen befreundeten Müttern gekocht wurden und ich netterweise mitessen durfte. Egal. Hauptsache, richtige Zubereitung. Bevor sie duftendsüß in Kindermünder geschoben werden, muß man folgendes tun:

Pro Kindernase wird eine große, nicht zu reife Banane gekauft. Kommen Sie nicht auf die Idee, eine selbstgemachte Currysauce zu zaubern. Kaufen Sie mindestens zwei Beutel oder Gläser gute Currysauce. Nachdem Sie dieses Rezept fünfmal nachgekocht haben, kennen Sie Ihren Favoriten. Und ein Paket Reis. Das Kochen ist eine blitzschnelle Sache. Die Bananen werden der Länge nach halbiert und in einer Antihaftpfanne auf einer dünnen Schicht Öl/Butter/Margarine – was gerade da ist – leicht auf der flachen Seite angebraten. Vergessen Sie nicht, vorher den Reis zu kochen. Pro Kindermund eine halbe Tasse plus doppelt soviel Wasser mit Instantgemüsebouillon angereichert. Und, falls Sie Beutelsauce verwen-

HILFE, STRESS

den, diese ebenfalls vorher schnell ankochen, testen und notfalls mit Rahm aufpeppen. Wenn die Bananen leicht zusammensinken, die fertige Sauce vorsichtig über die Bananen geben, Pfanne etwas schütteln und rütteln, bis alles untergegangen ist. Schnell vor gierige Kinderaugen stellen, wo sie eins, zwei, drei gemampft werden.

Man kann die Früchtchen (die Bananen) auch in Schinkenscheiben wickeln und alles mit Mandelscheibchen und einigen Rosinen garnieren. Sieht toll aus und schmeckt so gut, daß sogar Gäste damit beglückt werden könnten. Auch Katzen und Hunde haben nichts gegen eine Portion Reis mit reichlich Schinkenstückchen. Alles, was gelb ist – Bananen und Curry –, möchten sie allerdings gerne missen. Voilà, alle sind in einem einzigen kulinarischen Streich bekocht und satt (ge)worden.

Ein anderes Patentrezept, das buchstäblich und garantiert zu einem Küchenauflauf führt, lernte ich vor vielen Jahren in einer typischen WG-Küche kennen. Stellen Sie sich in ihr einen großen, schon etwas abgeschabten Tisch vor, ein braunes Buffet, das mit Geschirr verschiedenster Herkunft, mit oder ohne Blümchen, gefüllt ist. Ein blaues Sofa, auf dem ausgelesene Magazine liegen. Und als Mittelpunkt ein altmodischer, manchmal allzu hitziger Gasherd, in dessen Backofen ein reichhaltiger WG-Auflauf gart. Dieses Gericht, gekocht von einem in vielerlei Hinsicht begabten Ehemaligen, Gianni, nahm ich nach dessen Abgang und meinem Auszug aus seiner gastfreundlichen WG unverzüglich in mein Repertoire auf, führte es bei meiner Familie ein und koche es noch heute, wenn ohne Fisimatenten eine ganze Schar menschlicher und tierischer Wesen satt werden sollen.

Wohngemeinschaftsauflauf

Kaufen Sie folgende Zutaten ein: ein Paket italienische Penne. Eine große Dose Thunfisch, natürlich die delphinfreundlichen. Eine Schachtel Champignons, möglichst braune. Etwa 250 Gramm Reibkäse. Kaffeesahne oder Schlagsahne, mindestens zwei Deziliter. Freilandeier. Milch und Butter, Salz, Pfeffer und Muskatnuß haben Sie doch noch vorrätig, oder? Ansonsten auf die Einkaufsliste setzen, die man hoffentlich nicht vergißt.

Erst die Teigwaren sehr knapp kochen, abgießen, wenig Öl unterrühren, damit sie nicht kleben. Einen Guß aus dem Rahm, den drei oder vier verquirlten Eiern, der Hälfte des Reibkäses zubereiten, gut würzen. Bitte testen. Die Champignons reinigen, in Scheiben schneiden. Den Thunfisch abgießen. In einer flachen Glas- oder Antihaftform, deren Boden etwas gebuttert oder geölt wurde, die Pasta auslegen, Thunfisch und Pilze zugeben, gut vermischen. Den Guß zugeben, er sollte die Masse knapp bedecken. Wenn nicht, vorsichtig Milch nachgießen und etwas nachmischen. Zuletzt den restlichen Käse darüber streuen, mit einigen Butterflöckchen bedecken. Im gut heißen Ofen etwa fünfundvierzig Minuten braungolden backen. Mit viel grünem Salat, in den Sie Knoblauchscheibchen schneiden, servieren. Soviel ich mich erinnere, hat sich dabei niemand je beschwert. (Bloß Gianni, der gestern behauptete, man müßte alles außer der Penne vorher gründlich und liebevoll andämpfen, aber der Gute schwebt ohne Kinder ja in ruhigeren Sphären.) Höchstens diejenigen, die glaubten, weniger von der wunderbar knusprigen Käsekruste abbekommen zu haben.

Und falls Sie wie ich Haustierbesitzerin sind, tun Sie gut daran, reichlich Pasta und Thunfisch zu besorgen und vor dem Auflauffinish einiges in die schon miauend und winselnd belagerten Tellerchen und Näpfe abzuzweigen. Man wird Sie deswegen noch heißer verehren und sich, während die Menschen essen, zufrieden gesättigt die Barthaare schlecken.

Noch eine ganz grundsätzliche Bemerkung zum Streß vor, während und wegen des Kochens. Beides paßt nämlich überhaupt nicht zusammen und hat fatale Auswirkungen auf sämtliche Beteiligten: den

HILFE, STRESS

Koch/die Köchin, die späteren Esser und sogar unschuldige und unbeteiligte Dritte. Ich kann mich gut erinnern, wie ich Alexander, als er noch klein war, einmal Spargelcremesuppe über den Kopf schüttete, weil ich keuchend in der Küche auf einem Salatblatt ausgerutscht bin. Das Kind schrie wie am Spieß, und von der Suppe blieb natürlich nichts mehr zum Abendessen. Wie heiß sie war, ist heute noch zwischen uns ein Diskussionspunkt. Sind wir zum Schluß gekommen, daß sie wirklich noch blubberte, muß ich ihn unweigerlich zum Essen einladen.

Genau, AUSWÄRTS ist das Stichwort.

Ist die Frau, der Mann nervenkostümmäßig am Ende, schließt sie/er die Küche oder hält sich außerhalb von ihr auf. Vorzugsweise in einem Restaurant, wo man weiß, daß die Lieblingspizza herzförmig und mit einer doppelten Lage Mozzarella belegt gebacken wird. Und der Kellner so fürsorglich wie eine ideale Oma ist. Das gibt es, doch man entdeckt dies nur, indem man sich möglichst oft von der eigenen Küche fernhält.

Dazu paßt Omas Witz, den sie uns sozusagen täglich erzählte: Herr Katz stirbt und kommt zu Petrus.

»Wohin wollen Sie, Herr Katz?« fragt dieser.

»Ich denke mir, daß ich erst einmal Himmel und Hölle testen möchte«, so Herr Katz unverschämt.

Er reist in den Himmel, dort ist es schön und langweilig. In der Hölle dagegen geht es laut, schrill und faszinierend zu. Es gibt Spieltische, wo gepokert wird, die Roulettekugel rollt, das Mobiliar ist verschwenderisch, man speist ausgezeichnet, schöne Frauen flirten mit Herrn Katz. Er ist begeistert, rast zu Petrus und verlangt einmal Hölle einfach. Doch als er wieder dort unten ankommt, stinkt es gewaltig, arme Seelen schuften sich über zischende Kessel gebeugt die Seele aus dem Leib, halten verbrannte Glieder in die Höhe, sie stoßen klägliche Laute aus und sind immer hungrig.

»Hilfe!« schreit Herr Katz, »Petrus, wo bin ich denn hier gelandet, das war doch vorher ganz anders!!!«

Da beugt sich Petrus zu ihm herab und lächelt fein. »Mein lieber Katz, *damals* waren Sie noch Tourist.«

Und genau als solchen sollten Sie sich immer in Ihrer Küche betrachten.

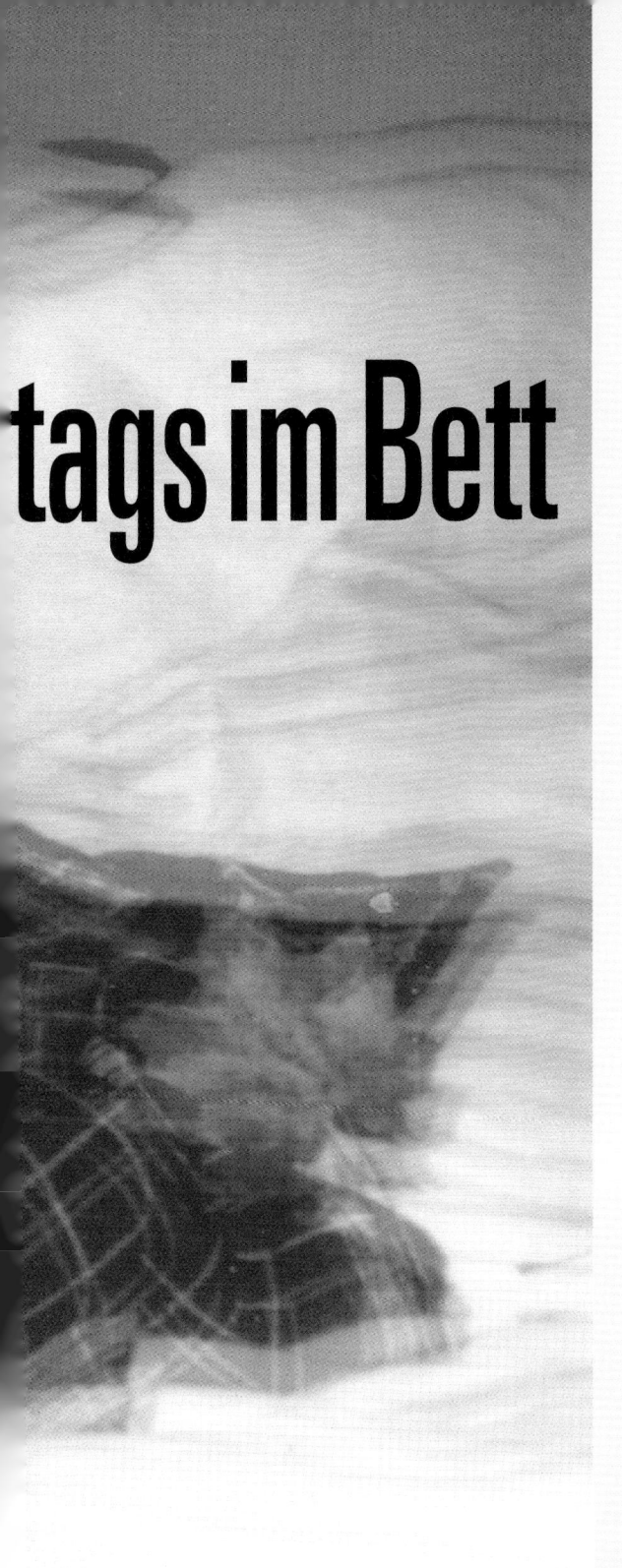

tags im Bett 5. GANG

Bloß bettgeeignete Schlemmereien

SONNTAGS IM BETT

Neuerdings ist neben Surfen und Joggen am Sonntag nachmittag davor der Brunch im In-Restaurant angesagt. Was den großen Nachteil hat, daß man opulente Reste dort liegenlassen muß, obwohl sie einem nach Aufbruch bereits wieder munden würden. Nicht so bei meiner liebsten Sonntagsbeschäftigung – im Bett bleiben. Da läuft niemand und nichts davon, sondern bleibt bequem neben einem liegen. Und wenn schon kleckern, dann ganz ohne zu meckern.

Sonntag morgen, irgendwann, viel zu früh:
Ich wache auf, weil ich wie ein Fisch nach Luft schnappe. Nase verstopft, die Birke nebelt uns mit Pollen ein. Doch heute ist egal, wenn ich trotz einer Ladung Nasentropfen nicht gleich wieder wegträume. Heute ist, halleluja, Sonntag – und da bleibe ich den ganzen Tag im Bett. Ich döse und träume weiter, bis es neben mir zu murmeln beginnt und ich tatsächlich sage: »Erzähl mir doch in der Werbepause, was los ist.« Kann durch zu viel Fernsehen eine Art Delirium Tele-

visione entstehen, in dem ich nun vor mich hin dämmere, nachdem wir nicht schon gestern nacht, sondern erst heute morgen, so um drei Uhr, exakt in der vierten Werbepause eines blöden Filmes abge(g)litten sind. Sie haben richtig gehört, wir lagen schon am Samstagabend faul zu Hause herum. Denn wenn wir wie mein Jüngster wegen der Nachwehen einer Technoparty den ganzen Sonntag im Bett verbringen müßten, wäre das Pflicht und nicht Kür.

11.00

Ich fahre auf, mitten aus einem schrecklichen Traum, in dem mein Lieblingswäschegeschäft von schräg gegenüber an einen unbekannten Ort verzogen ist. Hat dies eine tiefe oder bloß praktische Bedeutung? »Wach auf, sonst ist dein Sonntag im Bett bald vorüber«, mahnt Massimo. »Egal, ich muß heute gar nichts leisten«, meine Antwort. Na ja, ein wenig schon, die Haustierroutine ruft: Brekkies in die Katzenschälchen, Hundekuchen in Hundeschnauze, dann Leine an Hundehals. Der eilige Lauf um drei feuchte Ecken zeigt auf: Heute verpasse ich draußen gar nichts. Das erleichtert Faulsein, denn Sonnenstrahlen machen erst schlechtes Gewissen und ziehen dann förmlich aus dem Bett und in den Freizeitstreß. Nicht heute, um Feiertags willen, heute wollen wir megafaul sein.

Nur noch nicht jetzt in der Küche. Da baue ich auf zwei mit Tüchern reizend drapierten Kuchenblechen das Frühstück auf. Wie habe ich Alexis Carrington Dexter Colby (stimmt die Reihenfolge, Denver-Fans?) immer um ihr zierliches Frühstücksbettischchen beneidet, das mit Orangensaft, Toast und Börsenblatt light beladen auf ihren niemals zerknüllten Seidenlaken über ihrem wogenden Busen stand, wenn sie den schönen Dex Dexter empfing. Doch der Versand, der es neulich noch anpries, hat es aus dem Sortiment gekippt. »Geringe Nachfrage«, hieß es. Unglaublich! Bin ich die einzige, die komfortabel im Bett speisen möchte?

12.00

Jetzt muß sich mein Schatz aus dem Hause machen, um in der Konditorei eine außen marzipanrosa, innen champagnercremegefüllte Torte abzuholen. Mit riesiger Vorfreude schon freitags bestellt. Und ein frisches Brot. »Aber frag bitte, ob es wirklich frisch gebacken ist!« nerve ich Massimo noch vom Bett aus und erteile ihm wichtige Tips zur Erkennung aufgebackener Brotwaren. Sie könnten sagen, daß ich spinne, aber mich befallen Mordgelüste, wenn das Sonntagscroissant – »heute frisch gebacken, was denken Sie denn …!!« – zu Hause, statt knusprig aufzubrechen, unter der Butter nur dumpf zerbröselt. So was Garstiges hätte ich gleich selber aus dem Tiefkühler reißen können.

12.30

Während mein Gefährte weg ist, dusche ich und stelle die Bettgarderobe zusammen. In den Frauenmagazinen werden der Müßiglage zu Hause zwar immer viele pastellfarbene Modeseiten gewidmet, z.B.: Wolleggins und Sweatshirt, *casual wear* Donna Karan, je einen Tausender; für ihn dasselbe in Anthrazit. Natürlich ein Klacks für Erfolgreiche wie Sie und ich, doch ich ziehe lieber Entsprechendes, Marke Liquidationschic, über, noch einen Zischer Charlie in die Nackengegend und einen Hauch Lippenstift. Eine Frau weiß ja nie, was ihr sonntags im Bett Angenehmes zustoßen könnte. Übrigens: Körperpflege darf auch völlig fakultativ bleiben – es gab schon faule Sonntage, wo sogar die Zahnbürste trockenborstig und der Pyjama Dienstkleidung blieb.

13.15

Massimo schleppt mit mir zusammen die Tabletts ins Bett. Aber Achtung: Frühstück im Bett kann keine brösel- und kleckerfreie Freude bleiben. Es hinterläßt Eigelb, Müeslikleckse, Kaffeetropfen u.v.m. auf den Laken. Da muß man einfach großzügig sein. Schließlich macht ein Großteil des Sonntags-im-Bett-Reizes aus, daß man es sich verkneift, Sinnvolles und Nötiges zu tun. Deshalb werden die Tabletts nach dem Schnabulieren achtlos neben das Bett beiseite geräumt, wo der Käse dann noch nachmittags um vier vor sich hin gilbt.

13.52

Nach der Sättigung liegt vor mir ein gefährlicher Stolperstein punkto Nichtstun. Jetzt könnte ich noch ins Fitneßtraining sausen, danach ist dort zu. »Soll ich oder nicht?« jammere ich Massimo vor. »Ich war doch letzte Woche bloß einmal!« Mein Lebemann tut entsetzt. »Da mußt du aber unbedingt hin.« Sagt's und plant sein eigenes Training: Zappen aus dem Daumen heraus. Ich bleibe im Bett. Zumal Mr. Vif, der Fitneßboß, bemerkte, daß die Sonntagsfitneßfreaks entweder frisch Entliebte oder lang Frustrierte sind. Mal sehen, was in der Glotze läuft. Volltreffer, wir landen mitten im Ring mit zwei Hünen. »Unzweifelhaft Tyson«, sagt Massimo. »Ach was, das sind doch bloß Halbschwergewichtler«, mache ich auf Boxexpertin. Als der Schwabbligere wie ein Maikäfer hinplumpst, ist die Chose klar. Der andere *ist* Tyson. M. lacht mich aus. Na ja, man kann sich doch mal irren. Sonntags im Bett ist sowieso alles einerlei und potentieller Streit gerät zur zärtlichen Neckerei.

15.15

Ich liege gemütlich da und lasse den Blick schweifen. Eine aufgerollte Plane über einer Dachzinne erzählt von kommenden Sommertagen, in denen man nur hoch oben der Hitze entkommen kann. Jetzt ist es kalt, dort draußen. Hier drinnen riecht es ein wenig nach Kaffee und aufgebackenen Brötchen. Das erinnert mich ans Frühstückszimmer meiner Oma, wo auch das Gästebett stand, in dem ich in den Ferien unter einer nach Veilchen duftenden Steppdecke übernachten durfte. Oma toastete montags aus Sparsamkeitsgründen übriggebliebene Zopfbrotschnitten in einem uralten Apparat, der unten dauernd verbrannte Brösel spuckte. Eine schöne Nackte pflegte uns damals zu beobachten, während sie ihr langes Haar bürstete. Das Gemälde hängt nun bei mir. Oh, wie wunderbar, sich im weichen Bett in Gerüchen, Erinnerungen und Gedanken zu verlieren.

15.30

Schon das vierte Telefonklingeln. Der Anruf landet auf dem Beantworter. Zum Hörspiel nehme ich mir meine Füße vor, lackiere knallrot. Erst belausche ich die gefräßigen Söhne – »Ich wollte nur fragen, was es bei dir zu essen gibt!!??«. Nichts. Dann nette Eltern – »Tante Marili kommt zum Kaffee, ihr auch??!!«. Hilfe! Schwester Helene – »Wir wollen zu Mac und drei sämtliche Nachbarskinder mit, habt ihr nicht auch Lust auf Hamburger …«. Nur über meine bequeme Leiche.

15.45

M. ruft Mutter an und lädt sie zum Tee ein. Gebe zu verstehen, daß ich flach liegen bleiben werde. Wir zappen noch ein wenig und begegnen Herrn und Frau Grizzly in Alaska. Samt Bärenkids. Mama gräbt erst unter den bewundernden Blicken der Kleinen ein armes

Murmeltier aus dem Bau. Dann begattet Papa Mama, die gelangweilt mit dem Kopf wackelt. Wir lachen, beschließen dann, in unserem Bettbau eine Festung vor angreifenden Bären zu bauen. Die Arbeit führt zum Vergnügen. Oder umgekehrt.

16.30

Ich richte die knallrosa Marzipantorte an und ärgere mich dabei. Ich wollte schon immer eine ganze Torte im Bett verputzen. Ohne anzuschneiden, einfach mit dem Löffel drauflos. Jetzt wird nichts daraus. Sie muß wegen mütterlichem Besuch ordentlich zerteilt werden. Mein Stück verputze ich inmitten eines acht-Tage-alten Zeitungsbergs, der endlich abgelesen werden muß. Und wundere mich über die Redaktionen, die ungeachtet unserer mangelhaften Lesekapazität jeden Tag eine Zeitung füllen. Da lobe ich mir Bücher, die bleiben jahrelang frisch. M., der später dazukommt, nickt leise und anheimelnd schnarchend neben mir ein. Johnny Halliday's sexy Timbre aus dem Radio stört ihn kein Bohne.

18.40

Duddeliduddelidu, unverkennbar die »Lindenstraße«-Erkennungsmelodie. Wie immer rätsle ich, ob das Vorgeführte ernst gemeint ist, zumal die Serie in einem Interview als Satire bezeichnet wurde. Solche Grübeleien dürfen sonntags im Bett ungestört geführt werden. Leider kann M. nicht helfen, als Bettflüchter kämpft er vor dem Computer gerade gegen Marcus Rex, einen bösen Saurier. Hunger steigt köstlich langsam auf.

SONNTAGS IM BETT

20.00

Jetzt darf die Hausfrau ernten/essen, was sie samstags klugerweise vorgekocht hat. Eine dicke Gerstensuppe mit Wurst, schweizerisch genauer Schüblig genannt. Schnell aufgewärmt, kleckst wenig, macht unbedeutende Geschirrberge, das ideale Bettmahl. Rezept sollte unbedingt angegeben werden. Aber nicht jetzt gleich. Der Bettsonntag ist kein Pflichttag. Draußen rauscht noch immer der heimkehrende Ausflüglerverkehr vorbei. Daisy sitzt auf dem Fenstersims und mustert verwundert die stockende Autokolonne. Sind sicher hundemüde, diese Bettflüchter. Selber schuld.

21.00

Süße Langeweile, wir zappen. An der Talkshow des Lokalsenders vorbei, weil wir durch die tagelange Müßiglage den Bezug zur Tages-action verloren haben. M. entdeckt Bebel-Belmondo, seinen Liebling. Während dieser durch den Film turnt, greife ich zu Vanity Fair und lese die Leserbriefseiten. Meine schriftlichen Favoriten. Und diese hier schön amerikanisch, ohne falsche Scham. Ein bekannter Regisseur dementiert, mit der Autorin eines im letzten Heft gedruckten Artikels über seine Dreharbeiten geschlafen zu haben, weil diese ja schon den Produzenten »gefickt« habe. Wörtlich, herrlich. Das gibt Appetit. Ich schleiche zum Kühlschrank und mampfe Torte. Hilfe, es klingelt! Ich hechte erst hinter die Kühlschranktüre, stecke dann doch den Kopf zum Fenster hinaus. Ein Freund Alexanders steht draußen, bringt eine ausgeliehene Schüssel zurück. »Gute Besserung«, wünscht er, als er mein Gewand bemerkt. Banause.

22.45

Ich fühle mich so ausgeruht wie nach einer Woche Ferien. Und bin stolz auf mich. »Hat es dir gefallen?« frage ich M. »Es geht«, brummt er, rappelt sich auf und läßt unten die Haustüre ins Schloß fallen. Zehn Minuten später beschenkt er mich aus braunen Tüten. Gut, daß es MacDonald's gibt. Wenigstens hin und wieder. Weil pervers gut. Ich verspreche ihm für die mitternächtliche Surprise einen Ausflugssonntag und weiß, daß ich dies spätestens nächsten Samstag schon bereuen werde.

24.55

Beim Einschlafen fahre ich mit einem Schrei wieder auf. Etwas gruslig Weiches liegt unter dem Kopfkissen. Licht an. Zitternde Nachschau. Ein verlorener Pommes frites.

Gute Nacht, lieber blauer Sonntag.

Am faulen Sonntag haben wir nur geträumt, geschlemmt, gekleckert. Und gar nichts aufgeschrieben. Doch heute, Montag nachmittag, setze ich mich natürlich gerne hin, damit Sie erfahren, was Sie alles für die zwei Mahlzeiten – für das die Sinne befriedigende Bettfrühstück und die dicke Abendsuppe – brauchen. Beides bringt Sie durch den ganzen Tag und die halbe Nacht. Wenn man irgendwann spät doch noch das Bett verläßt, um auswärts spontan griechisch zu essen, ist man selbstverständlich entschuldigt. Kulinarische Riten sind dazu da, gebrochen zu werden. In der Chaos-Küche sowieso. Das habe ich von meiner Oma gelernt.

SONNTAGS IM BETT

Breakfast in Bed (und oft auch umgekehrt)

Ich erzählte vorhin in meinem Sonntagstagebuch über den Terror von heimlich tiefgekühlten Zöpfen, Croissants, Broten. Und daß sie, sehen sie im Geschäft auch noch so lecker aus, beim Hineinbeißen schwer enttäuschen. Mittlerweile habe ich die geniale Lösung entdeckt für das perfekte Zustandebringen von sonntäglichem frische-Brot-Duft bis in den letzten Winkel jeder Behausung. »Scones« heißen die Frühstücksrundbrötchen, die noch jede Chaos-Köchin mit den mickrigsten Zutaten zustande bringt. Schwester Helene brachte kürzlich ein Rezept aus ihren Englandferien zurück, und ich probiere es, natürlich vereinfacht, gleich aus. Bingo, sogar meine pingelige Mutter war begeistert. Was braucht's dazu? Ganz wenig:

Scones

Butter, mindestens ein Ei, Milch oder Buttermilch oder Naturjoghurt sollten in jedem Kühlschrank zusammengeklaubt werden können. Ein Beutelchen Backpulver, Zucker und Mehl, einige Rosinen haben auch Schlechtdotierte im Küchenschrank. Wenn nicht, betrachten Sie Genanntes als Einkaufsliste, die Sie wochentags einkäuferisch abhaken. Für die Sconesfabrikation stellen Sie eine Schüssel auf den Tisch, in die Sie eineinhalb große Tassen Mehl, einen gut gefüllten Eßlöffel Backpulver, drei Eßlöffel Zucker geben. Etwa fünfzig Gramm Butter – das erste Mal nahm ich sogar nur Margarine, geht auch und ist genauso gut – vorsichtig schmelzen und in die Mitte leeren. Knappe zwei Deziliter Milch, sie kann auch teilweise durch Buttermilch oder Joghurt ersetzt werden, dazugeben. Mit einem Holzlöffel zusammenrühren – es lohnt sich nicht, dafür den Mixer aus der Schublade herauszureißen –, dann ganz kurz kneten, bis ein appetitlicher Teigball, der nicht mehr an den Fingern klebt, entsteht. Notfalls noch etwas Mehl hinzugeben. Auf einer bemehlten Unterlage einen Zentimeter dick auswallen und mit einem runden Glas, Durchmesser etwa vier bis fünf Zentimeter, Rondellen ausstechen. Jetzt erst das Ei mit etwas Zucker quirlen, auf die Scones, die man am besten auf ein Backpapier gut voneinander entfernt ausgelegt hat, streichen. Bei 200 Grad, Mitte Ofen, backen, bis sie goldgelb sind. Es dauert etwa so lange, wie Sie für die Lektüre einer Seite Ihrer (gehaltvollen) Sonntagszeitung oder für ein Kapitel der »Chaos-Küche« benötigen. Natürlich könnten Sie sich statt dessen auch in den Anblick der wunderbar aufgehenden Scones durch das Backofenfenster hindurch vertiefen, was spannender als jeder Krimi ist. Fertig gebacken werden sie in der Mitte zweigeteilt und noch heiß mit Butter und Konfitüre bestrichen gegessen.

Die ganze Chose ist wirklich blitzschnell gemacht, weil die Warterei rund um die sonst fürs Brot benötigte Hefe entfällt, und wird Sie über den ganzen Tag hinweg erfreuen – die erstaunlich zahlreichen Scones (die genaue Anzahl habe ich leider vergessen) bleiben, da mürbe, schön frisch und nach zwei Minuten Aufwärmzeit in der Mikrowelle auch noch nachmittags ein Triumph. Sie bröseln übrigens sensationell wenig, wären also werktags auch computertüchtig und schmecken sogar zu salzigen Sachen wie die Gerstensuppe mit reichhaltigem Inventar: in der Schweiz tourismusmäßig

Falsche Skilehrersuppe

genannt. Normalerweise bin ich dagegen, schon am Vortag vorzukochen, damit man am Stichtag angeblich weniger Arbeit hat. Es könnte nämlich sein, daß Sie alles vergeblich zubereitet haben, weil Sie anderntags plötzlich Lust auf genau das Gegenteil haben. Bei der Skilehrersuppe besteht aber eher die Gefahr, sie noch am selben (Sams)Tag aufzuessen – sie duftet während des Kochens schon betörend gut.

Nehmen Sie dafür Ihren größten Topf, so blubbert der Gerstensuppensee nicht über den Rand. Damit auch montags noch was da ist, gießen Sie reichliche 2 Liter Wasser hinein und geben eine große Tasse Gerstenkörner hinzu. Für den gemüsigen Geschmack werden noch zwei Karot-

SONNTAGS IM BETT

ten, eine kleinere Zwiebel und zwei Lauchstengel – geschnetzelt gut waschen –, wenn vorhanden auch noch ein Stück Sellerie hineingeschnetzelt. Und jetzt kommt's: Echte Berglerinnen würden das natürlich nie machen: Ein Beutel oder eine Dose schon fertige Gerstensuppe wird ebenfalls hinzugerührt. Falls nicht auffindbar, darf es auch Gemüsesuppe sein. So müssen Sie sich keine Gedanken machen, ob und wie die Suppe schön dick wird. Das bleibt nämlich eines der großen, verkannten Weltwunder.

Liebhaberinnen von Deftigem dürfen jetzt schon bei Suppenstart ein Stück Speck oder Schweinerippchen beigeben, man darf das auch lassen und sich kurz vor der Schmauserei im Bett mit dem Hineingeben von Wursträdchen begnügen. Nehmen Sie solche, die Sie noch nicht kennen, so wird das Kosten der Skilehrersuppe in Horizontallage eine aufregende Sache, bei der Informationen über das gerade angetestete Wursträdchen von Kissen zu Kissen weitergegeben werden können. Ach ja, Kochdauer? Gute zwei, durch alle Wohnräume verlockend duftende Stunden. Hin und wieder rühren tut dem Süppchen gut. Fleißig probieren natürlich auch, je nach Geschmacksknospen muß noch etwas Salz oder gekörnte Bouillon oder ein Schuß Sojasauce hinein. Und zum Schluß etwas Milch oder Rahm, um der Suppe einen sanftcremigen Farbton zu verleihen. Es macht auch nichts, wenn die Suppe nach dem Erkalten sehr wabblig dick ist. Sie kann fürs blitzschnelle Aufwärmen immer wieder mit etwas Milch oder Wasser verdünnt werden. Und wird, Sie ahnen es, dabei immer interessanter.

Jetzt endlich sind Sie mit allen nötigen Informationen für den hoffentlich nächstens anstehenden Sonntag im Bett versehen. Aber machen Sie sich nicht schon tagelang einkaufs- und kochmäßig dafür verrückt. Diesen Tag muß der Hauch des Imperfekten umwehen und darf nicht in auszuführende Programmpunkte aufgeteilt werden. Eigentlich hätte ich dieses Thema neulich auch für eine Sonntagszeitung aufbereiten sollen. Doch als der Redakteur erkannte, daß ich gar nicht fähig war, sein Publikum mit einem Wortschwall von aufregenden Trendmeldungen, ultimativen Verhaltensmaßregeln und einer exakten Nahrungsliste zu überschwemmen, war er baß enttäuscht und erklärte meinen Sonntag im Bett als langweilig und untrendig.

Heutzutage ein Gütezeichen, denke ich. Er gehört also exklusiv mir und Ihnen. Genießen Sie dieses Privileg gehörig.

PS: Vergessen Sie ja die Torte nicht! Keine selbstgemachte, auch wenn Sie in diesem Buch ein Wunderrezept dafür fänden. Es muß eine sein, die Sie schon lange sehnsüchtig in der Auslage der Konditorei angestaunt haben. Vielleicht die Schwarzwälder mit den schwerbesoffenen Weichseln, Schlagrahmbergen und den schroffen Schokoladenspänen. Eine, bei der Ihnen die Tränen kommen, wenn Sie, bequem auf weichen Kissen gelagert, den extragroßen Löffel mit geschlossenen Augen zum Mund führen. Dafür kann sonntags im Bett auch auf fleischliche Genüsse bestens verzichtet werden. Nicht nur in der Suppe.

6. GANG Picknick

Reis(s)erische Freuden
und Warnung vor
verkehrsuntüchtigen
Leckereien

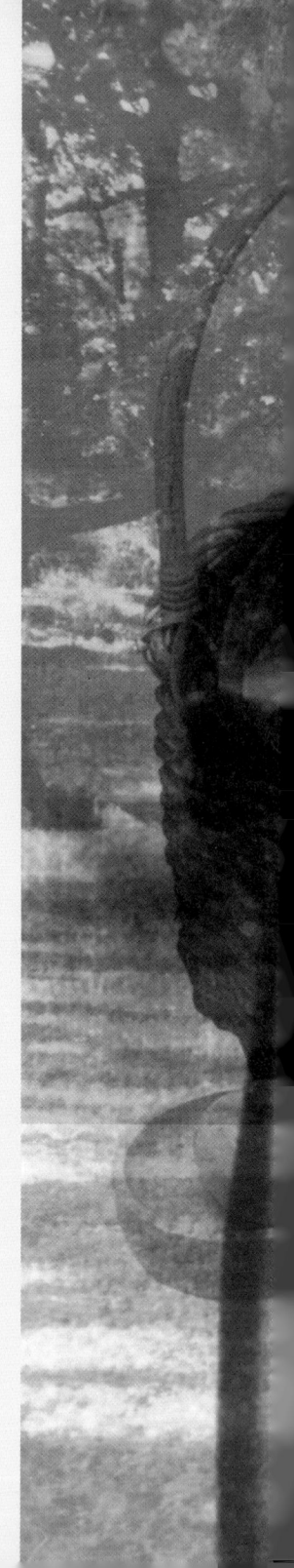

PICKNICK

Hier erfahren Sie, daß meine Oma ihre Picknicks genauso gut unter einem Kronleuchter als auch neben einem Müllcontainer ausbreitete. Daß ein Picknick aus dem Koffer niemals kompliziert, sondern schleppbar, rutschfest und feuersicher sein sollte. Und Sie sich mit Picknickrezepten bei jedem Umzug vor dem Hinauftragen der Eichenkommode drücken können.

Meine Oma reiste für ihr Leben gern. Als die meisten Frauen in den tiefen Fünfzigern noch brav zu Hause auf ihre Gatten warteten, um sich abends von ihnen die Abenteuer in der Bürowelt schildern zu lassen, war meine Oma schon Witwe und deshalb bereit, die Welt zu erkunden. Natürlich vermißte sie ihren verblichenen Josi, wir Enkelkinder nannten ihn Opapa Josi, doch sie war keinesfalls bereit, nun tagesfüllend mit ihren parfümierten Spitzentaschentüchern die Tränen aus den Augenwinkeln zu tupfen und, gut versorgt, einem bequemen Lebensabend entgegenzuschluchzen. Ich habe eigentlich nur verschwommene Erinnerungen von meinem schmerbäuchigen Opapa und mir, dann aber immer dieses Bild: Er saß in einem hochlehnigen Lehnstuhl, der wie ein Thron in einem Erker des Herrenzimmers positioniert war, rauchte dicke Zigarren und schob dabei unentwegt zähe

VERKEHRSTÜCHTIGE LECKEREIEN

Cassisbonbons aus einer Blechschachtel zwischen Zähne und Zigarre. Ich saß auf der Armlehne seines Sessels, bediente mich aus der offenen Schachtel mit diesen Bonbons, die ich eigentlich nicht so richtig mochte, klebte sie erst ganz hinten auf die Backenzähne, drückte sie, wenn sie schon ganz flach waren, mit der Zunge weg und manövrierte sie hinter die oberen Backenzähne, um sie wegzulutschen. Und wenn ich manchmal seine breiten Hosenträger, die die Nadelstreifenhosen einigermaßen auf Bauchnabelhöhe hielten, an mich zog und wieder schnalzen ließ, schimpfte er nie.

Dann verschwand Opapa Josi plötzlich aus meinen Augen. Er hatte während der alljährlichen Sommerfrische an der französischen Côte eine verdorbene Auster geschlürft – sozusagen ein fischiges Todesbonbon –, sein Unwohlsein aber tapfer verborgen, denn Oma befand sich gerade im Casino und in einer Glückssträhne. Ob meine Oma ihren fetten Gewinn auch nach Hause retten konnte, weiß ich nicht, wohl aber, daß ihr Josi verloren war. Sie brachte ihren Gatten eingesargt nach Hause, setzte ihn in einem Doppelgrab hoch über den Dächern von Zürich bei. Die andere Hälfte neben Opapa selig, wie er später mit einem Blick gen Himmel genannt wurde, sollte noch lange unbesetzt bleiben.

Die erste große Reise als Frau in den besten Jahren plante Oma gleich um die ganze Welt. Sie war lange weg, doch als sie zurückkam, brachte sie uns nicht bloß einige Kleinigkeiten mit, sondern riesige schwarze Seemannskoffer, aus denen sie alle Wunder des Fernen Ostens zauberte. Kinderkimonos, mit zarten Blumenmustern bedruckt, dazu breite steife Schärpen zum Binden. Klobige Sandalen, in denen wir erst das Gehen üben mußten. Zierliche Sonnenschirmchen aus Papier mit lackschwarzen Griffen, auf daß wir uns in der Mittagssonne nicht den Teint verdürben. Davor würden sich echte Geishas nämlich am meisten grausen, erklärte meine Oma uns sechs Enkelkindern, die wir uns um die Kostbarkeiten aus dem Koffer balgten. Meine Schwester schnappte sich gleich den größten Schirm, denn sie litt unter ihren Sommersprossen, die zahlreich wie Regentropfen auf ihren runden Wangen blühten und trotz aufgelegter Gurkenscheiben niemals verschwinden wollten.

Als wir komplett eingekleidet waren und im Entrée, so groß wie ein Minigolfplatz, auf unseren Plateausandalen genügend herumgestolpert waren, öffnete Oma den zweiten Koffer und brachte ein komplettes chinesisches Service zum Vorschein.

Und als unsere Eltern uns abholten, fanden sie keine Schar stinknormaler Zürcher Schulkinder vor, sondern eine vornehme japanisch-chinesische Picknickgesellschaft, die auf einer Seidendecke, genau unter dem Kronleuchter der Diele, logierte, leise plauderte, aus winzigen Becherchen warmen Sake schlürfte, an kleinen Reiskuchenecken knabberte und in mit farbiger Tusche bemalten Märchenbüchern aus weichem Reispapier blätterte. Bedient von einer, trotz des um haarige Waden schlabbernden Kimonos, immer noch sehr italienisch aussehenden Mafalda, die von Zeit zu Zeit diese Blumensteinsche »stupidità« laut verfluchte. Nicht nur weil die Sandalenriemen zwischen ihren großen Zehen die Hühneraugen zum Aufblühen brachten. Solche Picknicks in ihrer riesigen Wohnung veranstaltete Oma nun regelmäßig an langweiligen Wintersonntagen, an denen unsere Eltern uns komplett bei ihr ablieferten, um in Ruhe die Schaufenster auf der Zürcher Bahnhofstraße zu bewundern.

Wenn uns das Picknicken zu fad wurde, mußte Mafalda den Bridgetisch aufbauen, und wir spielten Rommé, bei denen uns Oma heimlich ihre Joker zusteckte. Einmal soll sie uns auch in die Geheimnisse des Pokers eingeweiht haben, worauf meine Eltern ihr empört Vorhaltungen machten. Danach begriffen wir, daß wir außerhalb ihrer Wohnung lieber nicht erzählten, was wir bei Oma alles anstellen durften. Wie eben um Geld zu pokern oder sich an Omas Schminktisch mit ihrem zart duftendem Puder von oben bis unten einzustäuben. Sie hatte auch nichts dagegen, wenn wir, statt draußen am See wie all die anderen lieben Enkelchen die Schwäne zu füttern, Tausende von

VERKEHRSTÜCHTIGE LECKEREIEN

Omas gehamsterten Rabattmarken in Heftchen klebten, um unser Taschengeld aufzubessern.

Kaum wurde es allerdings lauer Mai, war es Schluß mit diesen aufregenden Aktivitäten – Oma war nicht mehr drinnen zu halten. Sie wollte in die Frühlingsfrische fahren. In der Abstellkammer wurde nach dem mit rot-weiß-karierten Stoff ausgeschlagenen Picknickkorb gefahndet, den Oma »bei Schelmoli's« – wie sie Jelmoli, das damals größte Zürcher Warenhaus, nannte – gekauft hatte. Die Blechdosen, Plastikbecher, Bestecke, die darin alle ihren festgezurrten Platz hatten, mußten mit siedendheißer Seifenlauge abgespült werden, denn Oma war eine Anhängerin der Hygiene, und auf dem Küchentisch zur Begutachtung, ob noch alles da war, ausgebreitet werden. Oma hegte immer den leisen Verdacht, daß Mafalda einiges aus ihrem Haushalt nach Brescia schaffte. Die Füllung der Dosen und Flaschen bereiteten Oma überhaupt kein Kopfzerbrechen. Die Idee, ein möglichst vielfältiges oder den Teilhabenden imponierendes Picknick zusammenzustellen, so wie es sommers heutzutage in allen Magazinen vorzelebriert wird, hätte Oma als absolut überkandidelt abgetan. Mafalda briet lediglich ein Huhn, ließ es erkalten und schnitt es in abnagefertige Stücke. Ein noch warmer Kartoffelsalat wurde in eine viereckige Plastikdose gepreßt. Harte Eier und pralle Tomaten gehörten in zwei dafür reservierte Dosen. Eine große Flasche mit der Maggitrinkbouillonessenz, dazu heißes Wasser in einer Thermoskanne, wurden zwischen Lagen von Papierservietten gepackt. Obendrauf plazierte Oma eine Rolle Klopapier, denn ohne dieses ging sie nie auf Reisen und war im übrigen der Meinung, daß so jede potentielle Gefahr gebannt werden konnte.

Schließlich scheuchte Mafalda uns in den alten türkisfarbenen Fiat, Oma setzte sich ans Steuer, knirschte mit Mafaldas Hilfe den Rückwärtsgang ein und bog, ohne nach links oder rechts zu schauen, aus dem Hinterhof auf die vielbefahrene Seestraße ein. Auf der Fahrt sangen wir je nach Anzahl der Enkelkinderschar vielstimmig Schlager

PICKNICK

und wippten dazu mit den Füßen, die wir aus den Fenstern hängten. An den Zehen hatten wir Taschentücher befestigt, um die vorbeifahrenden Autos zu erschrecken. Meine Eltern wären ob dieser Manöver in Ohnmacht gefallen. Oma freute sich und lobte unseren Mut und außergewöhnliches Singtalent. Bald aber begannen wir zu nörgeln und wollten endlich an einem der lauschigen Plätzchen, an denen Oma vorbeibrauste, haltmachen. »Geduld«, mahnte Oma, »der perfekte Platz kommt immer zuletzt.« »Jedesmal war das schließlich irgendwo im nirgendwo neben einem Müllcontainer«, behauptet meine Schwester, mit der ich soeben telefonisch Omas Picknicks diskutiert habe. »Doch da Oma prinzipiell immer das Beste aus einer Situation machte, mußte Mafalda das Picknick auf der knallheißen Motorhaube aufbauen, damit das Huhn ohne Energieverschwendung wieder warm würde. Wir stellten dann Klappstühle rund ums Auto auf und fielen übers Picknick her«, erinnert sie sich. Dann behauptete sie auch noch, daß wir statt Huhn immer kleingeschnittene Schnitzel gegessen hätten. Ob Huhn oder Schnitzel ist egal, denkwürdig blieben Omas Picknicks allemal. Allein die Erinnerungen an die Vorbereitungen, den Geschmack der Trinkbouillon, die für mich eine höchst vornehme Angelegenheit bleibt, und diesen raffinierten Picknickkoffer, in dem alles seinen Platz hatte.

Wo ist er bloß geblieben? Und die Kimonos, die Sonnenschirme? Alles verschwunden. Wie traurig! Doch bleiben wir beim Picknick. Vergessen Sie sofort alles, was mit Feuer zu tun hat. Es soll Fälle von Liebes- oder Familienbeziehungen gegeben haben, die sich wegen Vergessens von Streichhölzern und Zeitung, trotz langen verzweifelten Suchens nur vereinzelt zusammengeklaubter, feuchter Äste, wegen Liegenlassens des Grillgitters in der Garage, dem Verkohlen von Kartoffeln in der Glut und Hinunterfallen des Steaks schon während des Barbecues in Rauch auflösten. Ich hatte einmal einen Gefährten, der mir die Wurst entriß, nur weil ich sie gleich zielgerichtet mitten in die Flammen hielt. Dann dozierte er, daß erst die Glut abgewartet werden sollte, um die Wurst sachte und genau in der richtigen Entfernung darüber zu drehen, damit sie auch, ohne außen zu glimmen, innen korrekt erwärmt würde. Dies alles hatte er bei den Pfadfindern gelernt, bei denen er eine glänzende Karriere gemacht hatte. Ich hingegen ging als Zehnjährige bei dieser Institution nur einmal mit ans Lagerfeuer. An meinem zweiten Samstagnachmittag hätte ich als Mutprobe mir vor versammelter Bienchenschar mit dem schon etwas rostigen Fahrtenmesser meiner Schwester in den Finger ritzen sollen, was mir solche Angst einjagte, daß es bei dem einen Gruppennachmittag blieb und ich Würste deshalb ganz falsch im Schnellverfahren grille. Außen schwarz und innen kalt. Sie wissen, was ich meine: Das Stelldichein am Feuer läßt Bagatellen zu Bränden auflodern: Braten und backen Sie zu Hause und nehmen Sie das Ganze dann fix und fertig mit.

Falls ich Ihnen nun wirklich Appetit gemacht habe – statt gemütlich drinnen zu essen, allerlei Leckereien einzukaufen, vorzubereiten, einzupacken, die Decke zu vergessen und sie schließlich, zurückgerast nach nur zehn Reiseminuten, wieder aus dem Koffer zu klauben, weil es regnet –, präsentiere ich Ihnen Omas Picknick, gemixt mit meinen eigenen reisetüchtigen Vorschlägen:

Natürlich bleibt es Ihnen überlassen, ein Huhn zu braten, ich aber habe Lust, für mein Picknick, das morgen stattfinden wird, einen mit farbenfrohen Überraschungen gefüllten Brätbraten in Herzform zu kreieren. Der wird sich als Mittelpunkt auf meiner schwarzgelb getigerten Picknickdecke präsentieren. Dazu gibt's Karolines Kartoffelsalat – Sie haben diese ungekrönte Königin des Kartoffelsalats im Kapitel »Schlaraffenland« bereits kennengelernt. Oder aber Saschas knallgrüne Variante. Zu den Tomaten und harten Eiern rühren wir eine Curryjogonnaise, die auch wunderbar zum Braten paßt. Und zum Dessert: Rhabarberkuchen, den man gleich in der Glasform mitschleppen kann und dessen Füllung garantiert nicht verrutscht. Wer Fleisch nicht mag, sollte sich mein Rezept für ein vegetarisches *Pièce de Résistance* – ein gefülltes Quarkbrot – merken. Doch zuerst:

 PICKNICK

Ein Herz aus Brät

Kaufen Sie etwa 800 g Kalbsbrät, eine kleine Dose Maiskörner, eine grüne Peperoni, eine kleine Dose Ananasscheiben. Sie brauchen außerdem 1 Ei, Paniermehl, Paprika. Wenn Sie möchten, grüner Pfeffer. Alles kleinwürfeln, was noch groß ist, mischen und, wenn keine winzigen Kinder dabei sind, noch mit einem Kaffeelöffel Pfefferkörner aufpeppen. In eine beschichtete Kuchenherzform füllen, glattstreichen und je nach Ofenpower etwa eine Dreiviertelstunde bei ca. 200 Grad backen, bis oben eine appetitlich braune Kruste entsteht.

Ein Brot aus Quark

Dafür braucht's ein rundes Brot mit nicht zu harter Rinde, dieselben bunten Zutaten wie oben, zwei Packungen Rahmquark. Jetzt schneiden Sie einen zünftigen Deckel ab, um das Brot gut aushöhlen zu können. Moment, was macht man mit dem weichen Brotinnern? Hat Oma uns nicht immer gesagt: »Brot darf man nicht vergeuden.« Ich rufe schon wieder Helene an. »Dein Quarkbrot kannst du gleich vergessen. Das geht ja überhaupt nicht, wenn du das anschneidest, pflatscht ja alles heraus«, kritisiert sie und hat ausnahmsweise recht. Wir erwägen, hier ihr an Tupperware-Partys hochgelobtes, mehrschichtiges Sandwichbrot zu notieren, doch daran schufte sie jeweils Stunden und sei danach schlechter Laune, winkt sie ab. Fazit: VegetarierInnen essen Kartoffelsalat, in den mir sowieso keine Fleischzutaten kommen, und tunken Karottenstäbchen, Tomatenschnitze, Peperoniviertel in die Curryjogonnaise oder bereiten sich damit Gemüsebrötchen.

Karolines Kartoffelsalat

Dabei kommen mir regelmäßig die Tränen. Bei den Erinnerungen an Karoline. Und natürlich beim Zwiebelschneiden. Denn diese müssen sein, das war für unsere Zugehfrau Karoline Frohgemut keine Frage. Niemals vergesse ich den Anblick ihrer vom Putzen rauhen Hände, die knapp über einer monumentalen Steingutschüssel – in deren Tiefe bereits ein riesiger, wundervoll duftender See aus hellgelber Kartoffelsalatsauce auf den massenweisen Fall der Scheiben wartete – blitzschnell scheibelten. Platsch, platsch. Der Scheibenberg mußte gar nicht groß in der Sauce gewendet werden, denn er war, während Karoline fertigschnetzelte, bereits willfährig in ihr versunken. Darüber streute sie eine großzügige Ladung Schnittlauch, bedeckte die glänzendgelbe Kartoffelköstlichkeit mit einem Teller und stellte ihn für den Sonntagsausflug in die Speisekammer. Wo ich mit einer Gabel bewaffnet, kaum war sie in der Waschküche verschwunden, sofort darüber herfiel.

Das müssen Sie kaufen: ein Kilo schnittfeste Kartoffeln, im Frühling am besten die zartbeschalten Frühjahrsknollen. Zwiebeln, Schnittlauch. Eier und Öl für die Mayonnaise. Jawohl, die wird frisch gemacht, was überhaupt kein Kunststück ist. Stimmt nicht ganz, doch wenn sie gelingt, ist sie samtgelb und Sie werden nie wieder die blasse im Glas kaufen. Na ja, oder nur hin und wieder, denn sinnierend vor dem offenen Eisschrank zu stehen und den Finger in ein Glas Fertigmayonnaise zu stecken, bis man weiß, was man nun essen könnte, ist auch nicht ohne.

Meine Samtmayonnaise

2 Eigelb erst etwas quirlen und jetzt tropfenweise circa eineinhalb Deziliter neutrales Öl hinzugießen, während die ganze cremig werdende Masse gleichmäßig immer schön rundherum mit dem Schneebesen gerührt wird. Legen Sie ein feuchtes Tuch unter die Schüssel, sonst wackelt alles oder kippt womöglich um. Falls die Mayonnaise zu dickfettig wird, etwa zweimal einen guten Spritzer Essig hinzugießen. Zum Schluß mit einem Suppenlöffel Senf, Zitronensaft, Salz und Pfeffer so richtig aromatisch würzen. Probieren Sie fleißig mit dem Finger. Ein Tip: Es kann sein, daß Ihnen die Mayonnaise gleich zu Anfang gerinnt, weil Sie zu rasant Öl hinzugießen, während Sie unnötigerweise noch Zei-

PICKNICK

tung lesen, telefonieren oder fernsehen. Dann gibt es nur eine Rettung: Schlagen Sie ein neues Eigelb auf und geben Sie die geronnene Sauce tropfenweise unter Rühren dazu, sodann weitermachen mit dem restlichen Öl. Diese Rettungsaktion klappt wirklich. Ich habe es gerade testen müssen. Für die Curryjogonnaise halten Sie einen guten Eßlöffel dieser selbstgemachten Mayo zurück, mischen sie mit einem Becher stichfesten Naturjoghurt, geben großzügig gutes Currypulver dazu. Finito und später auf der Picknickdecke dipedidip.

Die Mayonnaise wird nun mit einer halben Kaffeetasse heißer Instantgemüsebouillon und etwa drei Eßlöffeln Essig zur Kartoffelsalatsauce verflüssigt, mit zwei feingeschnetzelten Zwiebeln angereichert. Die gekochten, unter vielen Auas geschälten, noch warmen Kartoffeln hinein. Vorsichtig gewendet. Darüber ein Schwall Schnittlauch. Und warm ab in den Tupperwarepott. Es darf auch eine ganz normale Dose sein, die Sie im Supermarkt kaufen und nicht erst bei der Hausfrauenparty bestellen müssen.

Doch nun zur köstlichen Kartoffelsalatvariante meiner Marktfrau. Sascha – Gotthabsieselig – verstarb viel zu früh in ihren späten Fünfzigern und nahm ihre göttlichen grünen Rezepte mit in den Himmel. Sascha war die lebenslustigste Gemüsefrau aller Märkte mit einem eigenen Marktstand, den sie dreimal die Woche in aller Herrgottsfrühe aufbaute. Daneben kochte sie für ein Altersheim. Man sagt, daß es das zufriedenste der ganzen Stadt wurde. Mittags, nach dem größten Markttrubel, stieg Sascha in den Anlieferungswagen gleich hinter ihrem Stand und packte das zu Hause gekochte Essen für ihre Verkaufsleute auf einen improvisierten Tisch. Ein echtes, leckeres Marktpicknick. War ich in der Nähe – ich gebe zu, ich war es regelmäßig –, winkte sie mich hinein. Hier aß ich ihren göttlichen, grünen Kartoffelsalat, den sie mit aus Kroatien heimgebrachtem, intensiv duftendem Kürbisöl anmachte.

VERKEHRSTÜCHTIGE LECKEREIEN

Saschas grünes Pendant

Wiederum ein Kilo festkochender Kartoffeln kaufen. Sascha liebte die rotfleischige Lagersorte. Dazu einen großen Strauß verschiedener Kräuter: Dill, Sauerampfer, Oregano, Majoran, Schnittlauch, Liebstöckel, einfach all das, was Ihnen gefällt, wenn Sie daran riechen. Und natürlich Knoblauch, der zartlila gefärbte Frühlingsknoblauch gibt den sinnlichsten Pfiff. Weißen Essig und Öl, Salz und Pfeffer haben wir alle im Haus. Während die Kartoffeln gar kochen, räumen Sie Ihren Mixer, der natürlich wieder ganz hinten im Küchenschrank festklemmt, auf den Tisch. Aber das Aufstellen lohnt sich. Hinein werfen Sie alle grobgeschnittenen Kräuter, zwei Knoblauchzehen, eine Kaffeetasse Öl, eine halbe mit Essig, gut salzen und pfeffern. Deckel fest darauf pressen, sonst wird Ihre Küche zur Riesensalatschüssel … Nach dem Mixen sollte die Sauce ölig-sämig, die Kräuter zwar fein, aber sichtbar bißbar sein. Geben Sie so viel Sauce zu den geschnittenen, geschälten Kartoffeln, bis der Salat sehr saftig wird. Ziehen lassen. Fürs Picknick noch warm in die Dose füllen. Ist noch Sauce übrig, können Sie die in ein Glas füllen und im Eisschrank aufbewahren.

Jetzt noch eine wichtige Mitteilung zum Kartoffelkochen: Ich vollziehe das im Dampfkochtopf, einem Uraltmodell mit wackligem Deckel, was der Kocherei einen faszinierenden Anstrich von Gefährlichkeit verleiht; man will ja auch in der Küche einmal etwas erleben. So wie damals die gewaltige Explosion in der elterlichen Küche, nach welcher an der ganzen Küchendecke ein neues Firmament von Erbschen und Rübchen klebten, die vom Maler mühselig abgeschabt werden mußten. Die Meinungen, wie lange mittelgroße Kartoffeln im Dampfkochtopf gekocht werden sollten, sind geteilt. Ich tippe auf genau fünfzehn Minuten, danach den Topf auf die Seite stellen und ohne kalten Wasserschwall abkühlen lassen. Nur so bleibt einem nach dem Abheben des Deckels der traurige Anblick von Kartoffelmatsch statt perfekt gekochter Knollen erspart.

 PICKNICK

Rutschsicherer Rhabarberkuchen

Für diesen Kuchen schaffen Sie sich am besten eine runde Kuchenform mit niederem Rand aus ofenfestem Glas an. Erstens kann man bei einer solchen schon während des Backens überprüfen, ob der Kuchenboden angebräunt oder noch weich ist. Und zweitens darf der Kuchen gleich in dieser Form mitgenommen und geschnitten werden.

Meinen transportierfähigen Kuchen könnte man übrigens auch mit Kirschen machen. Aber unbedingt mit unentsteinten, es macht doch Spaß, sie beim Picknick einander zuzuspucken. Sie kaufen zuallererst einen fertigen, süßen Mürbeteig. Falls Sie in Ihrem Supermarkt nicht fündig werden, hier die selbstgeknetete Variante.

Nein, das geht zu weit.

Sie wollen doch nicht schon während der Zubereitung des Picknicks erschöpft zusammenbrechen, sondern erst mittendrin, dann aber bequem auf der Wolldecke. Es lohnt sich wirklich, nach einem guten Fertigteig zu fahnden, zumal die Küche dann nicht durch herumstiebendes Mehl, überall klebrige Butterflöckchen und knirschenden Zucker verunstaltet wird. Vielleicht werden Sie in Ihrer Bäckerei fündig.

Zwei Eier, 2 dl Rahm, am besten Kaffeerahm, geriebene Haselnüsse, etwa 150 Halbfettquark müssen noch zum Teig in den Einkaufskorb. Und einen pfündigen Bund zarter Rhabarber. Während der Ofen auf 200 Grad vorgeheizt wird, legen Sie den Teig in der gefetteten und mit Mehl oder Weizengrieß bestäubten Form aus, bestreuen ihn dick mit Haselnüssen, genauso reichlich mit dem geschälten und in Einzentimeterstücke geschnittenen Rhabarber belegen. Diesen Kuchen noch ohne Guß für gute 15 Minuten anbacken.

Inzwischen aus den übrigen Zutaten einen cremigen, ja dicken Guß quirlen, der mit – ich nehme dazu braunen – Zucker und reichlich Zimt gesüßt wird. Mit Guß bäckt der Kuchen noch etwa 30 Minuten. Eine hineinversenkte Gabel sollte zuunterst auf gut gebackenen Teigwiderstand stoßen. Erst einmal erkaltet, steht dieser wunderbar zartschmeckende Kuchen dank dem stabilisierenden Quarkguß absolut zu seiner Füllung. Auch wenn er bis zum Picknickplatz viele Hindernisse zurücklegen muß.

VERKEHRSTÜCHTIGE LECKEREIEN

Einige Tage danach:

Mein geplantes Picknick hat übrigens nicht stattgefunden. Zwar war alles vorbereitet, die Wettertante im Fernsehen versprach Aufhellungen, aber dann war es so kalt, daß wir schlotternd die Heizung andrehten und zu Hause bleiben wollten. Da klingelte das Telefon. Es war mein Ältester, der uns spontan zum Möbelschleppen in seine erste eigene Wohnung einlud. Als wir erst um vier Uhr nachmittags mit unserem Picknickkoffer vor der Türe standen – denn um diese Zeit waren die schweren Gegenstände wohl schon oben im dritten Stock, so hatten wir raffiniert kalkuliert –, war er ob der mitgebrachten Köstlichkeiten, für die er nicht einmal sein Geschirr aus der Tiefe eines Kartons graben mußte, so gerührt, daß er überhaupt nicht gemotzt hat. Und vor seinen schleppenden Kollegen konnte ich mich sogar noch als fürsorgliche Mutter präsentieren. Sie sehen, mit (m)einem Picknick sind Sie nicht nur im tiefen Wald, sondern überall, wo hungrige Menschen sitzen, perfekt am Platz.

7.GANG Kamikazekulin

Igitt,
uns wird schlecht!

k

KAMIKAZEKULINARIK

Mitten in meine Chaos-Küche stolperten die wahnsinnigen Rinder. Wie kann ich es noch wagen, ein Quentchen Fleisch zu empfehlen, geschweige denn gleich heute am eigenen Magen zu testen? Dachte ich verstört. Ein gärendes Dilemma für eine Chaos-Köchin. Dann sah ich Biorind Limousine in die lang bewimperten Augen, und mein Herz brach. Deshalb ist dieses höchst brisante Kapitel ein brodelnder Aufruf gegen Kamikazefood aller Provenienz.

»Natürlich mußt du gleich am Anfang schreiben, daß alle Zutaten für deine Rezepte absolut biologisch und freiländisch sein müssen!« befahl mir mein Bruder Fritzli, der diese Verkleinerungsform gar nicht gerne hört, aber selbst von seiner halbwüchsigen Tochter so gerufen wird. Exakt diese Anweisung gab mir Fritzli gestern bei einem Sonntagsbrunch in einem Schickimickirestaurant, dessen mit Köstlichkeiten beladenes Buffet sich über mindestens sechs Meter erstreckte. Mir war nicht bekannt, ob darauf auch nur ein Tomätchen sich mit Nachnamen Bio hätte schmücken dürfen. Und auch der dozierende Fritzli, der gerade eine sehr gehäufte Gabel Rührei mit Speck in den mahnenden Mund schob, war sich nicht bewußt, daß die dafür gemetzgerten Schweinchen sich zu ihren mickrig bemessenen Lebzeiten vielleicht sehr intensiv nebeneinander um ein Plätzchen auf dem rutschigen Spaltenboden hatten drängen müssen.

»Ja, klar, das werde ich natürlich in einem strengen Eingangskapitel allen klarmachen«, versicherte ich Mahner Fritzli eilig und wechselte rasch das heikle Thema.

Natürlich sind wir prinzipiell alle dafür, daß unsere Nahrungsmittel anständig und appetitlich produziert werden. Theoretisch, doch wenn es dann praktisch darum geht, nur Biologisches und glücklich Freispringendes in den Einkaufskorb zu packen, versagen wir – mit schlechtem Gewissen. Und das, was wir auswärts in Restaurants, Snackbuden oder Kantinen verdrücken, haben sowieso nicht wir eingekauft, sondern sauertöpfisch knausrige Wirte. Freilandhuhn? Bei denen gackert's wohl, knurren sie, bei unseren Gästen, natürlich. Wir nehmen lieber steinbeingefrorene Billighähnchen. Es meckert ja sowieso kein Schwein. Murmelt der Koch in außerhäusigen Küchen und haut beruhigt die Käfigeier in die Pfanne. Die mit dem Fischgeruch. Die Eier – und wenn Sie Pech haben, auch die Pfanne.

Besuchen Sie doch zum Thema »Klappe halten und weiteressen!« mit meinem Massimo und mir dieses stadtbekannte spanische Spezialitätenrestaurant gleich bei uns um die Ecke. Mein Liebster wollte mich schon wieder fein ausführen. Diese lobenswerte Idee war allerdings auch mit purer Notwendigkeit gepaart, denn bei uns sind die zu bekochenden Abende gerecht aufgeteilt. Jeden zweiten Tag trifft's meinen Süßen, der zwar unverschämt gerne ißt, aber dafür keinen Kochlöffel schwingen möchte. Und auch nicht kann, ehrlich gesagt. Was sich vielleicht nach der Lektüre dieses Buches ändern mag.

Zurück zu unserem spanischen Abend. Wir standen also sinnierend vor der draußen aufgehängten Speisekarte und studierten die Menüs. Es sind seit Jahren die gleichen Erfolgsrezepte, die das Lokal jeden Abend füllen. Und beinahe vermeinten wir, bei der Auflistung von

Paella und Zarzuela das Meer zwischen den Straßenschluchten rauschen oder bei Huhn nach Großmutterart mit geschmorten Kartöffelchen, Zwiebeln und Knoblauch die Oma ihre glücklichen Federviecher liebevoll an die mit saftigem Mais prall gefüllten Futtertöpfchen locken zu hören. Wir setzten uns erwartungsvoll an den Tisch, wimmelten den Kellner ab, der uns zu Beginn Sherry aufschwatzen wollte, und bestellten Huhn und Fisch. Beides hatten wir auf der bebilderten Speisekarte – eingeschweißt in dicke Plastikfolie, die sie wohl gegen hungrig fingernde Gäste verteidigen sollte – auf den bereits etwas trüben, aber immer noch sehr bunten Fotos bewundert. Da war auch ein reichhaltig garnierter Salat abgelichtet, der uns allerdings nach verdächtig wenigen Warteminütchen mit Grandezza serviert wurde.

Kennen Sie diese Klarsichtbeutel, die mit fix und fertig gemischten Salaten in den Gemüsekühlern der Supermärkte liegen? Ich pflege nach ihnen zu greifen, wenn ich zu faul zum Salatwaschen bin. Also eigentlich dauernd. Diese fertigen Salatvariationen, von denen eine in meinem Supermarkt doch tatsächlich »Heidisalat« heißt – er wurde kürzlich dort an einem Marktstand durch echte Sennen angepriesen, bloß das gleißende Neonlicht über den mit Alpenkräutern garnierten Ökojungs störte das Idyll –, sehen zwar prall gefüllt aus, doch wenn sie in der Schüssel liegen, schmecken alle grünen, gelben und roten Blättchen einerlei. Nach Plastik. Und sacken genauso ermüdet zusammen, wenn man in sie pickt.

Der französische Komiker Louis de Funès war vor vielen Jahren ein wahrer Mahner in der kulinarischen Wüste, als er den Film »Schenkel oder Flügel« (oder so ähnlich) drehte. Darin spielte er einen berühmten Testesser, der einer windigen Nahrungsmittelfirma auf die Schliche kommt. In einer Nacht-und-Nebel-Aktion bricht er in deren Produktionsstätte ein und entdeckt ein Fließband, auf dem Kopfsalat aus grüner Plastikfolie gezogen und Hühnchen aus fleischfarbener Plastikmasse modelliert werden. Niemand merkt den Speisebluff, alle sind von der Natürlichkeit der Produkte begeistert. Bloß Feinschmecker Louis riecht da förmlich keinen Braten mehr und läßt die Geschmacklosigkeit auffliegen.

Von einer ähnlich umtriebigen Firma ließ sich wohl unser scharfäugiger Restaurantpatron beliefern. Mit seinem messerscharfen Schnurrbärtchen und den abgewetzten Hemdsärmeln sah er eher wie ein pingeliger Buchhalter als ein gastfreundlicher Bewirter aus. Einer, der in den Zahlenkolonnen nach unnötig ausgegebenen Positionen forscht.

Die Zeit bis zur Hauptspeise vertrieben wir uns mit dem diskreten Verzehr zweier dünner Stückchen Graubrot. Und schlürften vom hausgemachten Sangria, wir outeten ihn als Marke Zehnliterkanister, Sonderangebot vom letzten Sommer, Billigmarkt um die Ecke, den wir trotz Vermerk »Extrafruchtiges Originalrezept« aus gutem Grund nie gekauft hatten. Nachdem mein Gegenüber sein Fischsüppchen aus dem Pfännchen mit den abgezählten Häppchen und das klägliche Beilagehäufchen Reiskörnchen fünf Minuten nach dem Auftischen schon verschlungen hatte, blickte er hungrig auf mein Großmuttervögelchen. Er durfte den Piepmatz auf seinen Teller hieven, denn wenn es schon lauwarmes, verschrumpeltes Turbomastküken aus der Mikrowelle sein muß, dann bitte nur im eigenen Heim, irgendwann gedankenlos gekauft, eingeworfen fünf Minuten vor dem Schlafengehen, weil einen noch der Hunger packt. Und das Essen zum Notfall wird. Am jetzigen Abend hätte ich a) Zeit gehabt, auf ein frisch geschmortes Hühnchen zu warten und b) es in Muße zu schlemmen. Nichts da, man schaute uns schon etwas indigniert bei unserem Gabeln zu – der Tisch wollte schließlich nochmals verkauft werden. Zum Dessert gab's dann eine dünne Schicht bleichgelbe Crema Catalana, die nach Dose und sonst gar nichts schmeckte.

Dafür durften wir dem Kellner aber nicht einfach leise Servus sagen und nach dem freundlichen Deponieren eines übergroßzügigen Zwanzigers auf Nimmerwiedersehen dies Lokal verlassen, sondern mußten sechsmal soviel abliefern. Mit meinem grausig verbrannten Daumen, der davon kam, daß ich die glühend heiße Paellapfanne unserer Tischnachbarn vor dem Absturz rettete, nachdem unser Kellner sie auf einer winzigen Wärmeplatte zwei Zentimeter von meinem Ellbogen entfernt hingeknallt hatte. »Oje«, säuselte er, »ich wollte eigentlich warnen, daß Sie sich die Finger verbrennen könnten ...«

Zu Hause auf dem Bett legte ich mir ein Kältekissen auf die Blasen und betrauerte lautstark das hinausgeschmissene Vermögen. Für teuren Trash, an einem vergeudeten Abend, so wie er sich letzte Woche schon in der typisch schweizerischen Eckkneipe abgespielt und nächste dann beim Italiener genau gleich zutragen würde. Setzen Sie hier einfach Ihre eigenen Stammlokale ein. Was mich an diesem Abend aber am meisten aufgeregt hat, war die Tatsache, daß wir unser schlecht verbrämtes Fastfood so brav aufgegessen und überhaupt nicht aufgemuckt hatten und es voraussichtlich auch nie werden.

Aber ich bin vom Thema abgekommen. Ich schrieb über die Moral beim Essen. Vor allem, weil sie seit Rinderwahnsinn, Schweinepest, Kaninchenseuche, Geflügelsalmonellen, Lachspilz kein emotioneller Luxus mehr ist, sondern unser Überleben auch noch fünf Minuten nach dem Mittagessen garantieren könnte. Ich nehme jetzt an, daß Sie und ich unter die Normalen gezählt werden müssen, die zu Hause eigenhändig um ihre Ernährung besorgt sind. Da kann und muß man am Einkaufsregal doch zweimal überlegen, was man nach Hause schleppen will. Wenn Sie aber dauernd auswärts essen müssen beziehungsweise dürfen, und zwar in wirklich niveauvollen Lokalen, und deshalb meine Chaos-Küche nur zum Amüsement oder zum Gruseln lesen, sollten Sie trotzdem die Nase in alles stecken, was man Ihnen vorlegen möchte. Auch wenn es vielleicht toll schmecken könnte. Motzen Sie also kräftig über angebotene Peinlichkeiten wie Haifischflossensuppe – Sie hätten es ja auch nicht gerne, wenn man Ihnen die Finger abschneiden und Sie dann wieder mit einem Fußtritt ins Büro befördern würde. Oder Froschschenkel, Schildkrötensuppe, Hummer,

Shrimps, all die total abgefischten, exotischen Meerestiere, die Menükarten bevölkern statt den blauen Ozean – lauter »Köstlichkeiten«, die ganz gerne weiter hüpfen, watscheln, schwimmen, einfach existieren würden. Mittels Gallonen von Flugsprit befeuchtete, importierte Exotenfrüchte müssen auch nicht sein. Ich meine es ernst. Ich wollte Ihnen absichtlich den Appetit auf Igittereien vergällen.

Also, ich bin nun wirklich keine Vegetarierin, etliche Versuche scheiterten nach immerhin einigen Wochen bei Fata Morganas von würzigdampfenden Hackbraten. Dies, obwohl ich jedesmal nach einem besonders schrecklichen Fernsehbeitrag über menschliche Fleischfreßlust, überzeugt bin, daß ich nie mehr eine knusprige Hähnchenkeule anbeiße. Doch wenn wir uns den Rinderwahnsinn etc. wirklich selbst eingebrockt haben, womit auch immer, dann ist es an der Zeit, unsere Eßgewohnheiten gründlich zu überdenken. Was nicht heißt, daß wir einfach die gleich riesigen Quantitäten weiter verschlingen, bloß weil sie in Zukunft aus dem Bioland stammen werden. Wo die gesunden Kühlein nur saftige Grashalme kauen. Ist es nicht pervers, daß wir beim armen Biorind Limousine schon mit der Bratpfanne Schlange stehen, während sie noch als Backfisch versonnen die Butterblümchen betrachtet? Mit dem massenweisen Absprung zum Biofleisch lösen sich auch die Probleme der Entsorgung nicht. Ich habe gelesen, daß Schlachtviehabfälle – auch von Bioviechern – immer noch tonnenweise verbrannt werden müssen. Wäre es nicht besser, solche Abfallberge gar nicht erst beiseite schaffen zu müssen?

»Ich bin also dafür, Fleisch zu rationieren. Es dürfen pro Mensch oder Haustier nur noch solche Mengen abgegeben werden, die bekömmlich sind und deren Nebenprodukte in vertretbarer Quantität überhaupt noch entsorgt werden können«, sagte ich zu Massimo, nachdem ich vor seiner Nase mit dem Zeitungsporträt über Limousines Schicksal herumgefuchtelt und mich über ihre No Future empört hatte. Er schüttelte bloß den Kopf und erachtete solche Maßnahmen

KAMIKAZEKULINARIK

als undurchführbar. Wegen der menschlichen Gier, präsizierte er. Ja, spinnen wir denn alle?

Nein, Sie sicher nicht. Spätestens nachdem Sie realisiert haben, daß meine Art zu kochen dem Luxus abhold ist. Den wir uns alle buchstäblich nicht mehr leisten können. Bei uns zu Hause gibt's zwar öfters Fleisch, doch es wird so zubereitet, daß man gleich mehrere Tage davon satt wird. Keine Steakberge, sondern durch Zutaten kräftig aufgemöbelte fleischliche Genüsse. Sie haben davon gelesen. Und deshalb bleibe ich auch weiterhin bei meinem selbstgekochten Rationierungsplan, ich lasse Limousine und alles, was kreucht und fleucht, im Zweifelsfall leben! Kochen doch auch Sie Fleisch und Fisch nur dann, wenn Sie wirklich Lust und die Zeit dazu haben, es interessant aufzutischen.

Mazze-Omeletten mit Pfirsichkompott

Sie werden staunen, wieviel Geld Sie dabei sparen. Und das wäre doch genau im Sinne meiner Oma, deren einfachste Speisen die allerbesten waren. Ihre Mazze-Omeletten, zum Beispiel, mit frischem, noch warmem Pfirsichkompott locken mich noch heute allemal von jedem Kotelett weg. Sie pflegte dafür vier Eßlöffel Mazze-Mehl – Sie bekommen es in jedem Laden für koschere Produkte oder in der Lebensmittelabteilung eines Warenhauses, das ethnische Produkte führt – mit etwas warmer Milch und zwei Eigelb, einer Prise Salz und einigen Tropfen Öl zu verquirlen, zog das steif geschlagene Eiweiß darunter und gab von dieser Masse etwa zwei Eßlöffel pro Omelette in heiße Butter. Nachdem es schon so richtig lecker duftete, klopfte sie die Masse etwas flacher, schob einen Wender darunter und ließ die zweite Seite goldgelb backen. Über die fertige Omelette, sie nannte sie immer so, obwohl dies vielleicht eher Mazze-Pancakes sind, streute sie etwas Zimtzucker. Stellte mir den Teller auf den Küchentisch, denn wenn Oma schnell etwas zauberte, verputzte ich es am liebsten gleich in der Küche, und löffelte mir reichlich Pfirsichkompott neben das leckere Küchlein. Hatte sie kein Kompott vorrätig, dann taten es auch Aprikosen- oder Erdbeerkonfitüre.

Es könnte ja sein, daß Sie nur ganz gewöhnliches Mehl zu Hause haben. Egal. Oder daß Sie zu bequem sind, das Eiweiß separat zu schlagen. Macht nichts. Nehmen Sie einfach wie beschrieben die obigen Zutaten und lassen jeweils eine schwach gefüllte Kelle Teig in der gut gebutterten oder geölten Bratpfanne bis an die Ränder schön flach zerlaufen. Das ergibt eine echte Omelette, die Sie mit Quark, Konfitüre oder – schlimm, schlimm – einem dicken Klacks Nutella gefüllt, einrollen und mit etwas Zucker bestreuen. Nach der dritten Omelette werden Sie absolut glücklich sein und wieder ein fröhlich quiekendes Schweinchen verschont haben. Und womöglich auch sich selbst.

8. GANG No Money

Am besten schmecken die Reste

NO MONEY

Meine Oma war mit Begeisterung knausrig und kochte gerade deshalb die herrlichsten Gerichte. Sie konnte im Handumdrehen aus einigen im Küchen- und Kühlschrank aufgespürten Krümeln faszinierend aussehende Naschplatten zusammenstellen. Einer Wortklauberin wie mir war sie das ideale Vorbild, um rasend schnell verputzte Vorschüsse noch ein wenig zu strecken. Und irgendwie sind wir doch alle zeitweise ein wenig pleite.

Man nehme, was man hat. Und wenn von dem auch noch zuwenig da ist, wird es erst spannend! So mußte ich montags, um zu den Schnitzeln noch ein Gemüse kochen zu können, unser Konfitüreglas mit dem Kleingeld plündern und drei Pfandflaschen zurückbringen damit ich dafür zwei Handvoll frische Bohnen, einen Kopfsalat und ein Sträußchen Basilikum erstehen konnte.

Mein Gemüsesignor, der nebenbei auch noch einen Waschsalon betreibt, ist ein eleganter Mann, obwohl sein Gesicht durch das Warten auf Kundschaft zu jeder Jahreszeit – nur bei bissigster Kälte setzt er sich drinnen einen Moment auf einen Hocker neben die dampfenden Tum-

AM BESTEN SCHMECKEN DIE RESTE

bler – mit tiefen, vom Stadtdreck geschwärzten Falten durchzogen ist und ihm einige Zähne fehlen. Weist er auf ein Kistchen pralle Feigen hin, die nur er frühmorgens auf dem Großmarkt ergattern konnte, scheint es sich um eine Juwelenkollektion zu handeln. Man glaubt es ihm. Es hat mich schon immer brennend interessiert, was er denn tagtäglich so sieht, hier an dieser Hausecke im Zürcher Scherbenviertel. Ich würde ihn gerne danach fragen, wenn ich mich trauen würde. Doch es bleibt immer bei der Diskussion über die Feste des Salats oder die Prallheit der Tomaten. Wir haben eine sparsame Gemüsebeziehung. Hatten, denn seit einigen Tagen ist die Ecke beim Waschsalon seltsam kahl. Sie sind weg. Und ich habe es erst gar nicht bemerkt. Weil genügend Geld da war, um achtlos an ihm vorbei in vornehmere Geschäftslagen zu eilen und dort verschwenderisch im Dutzend einzukaufen. Man habe nach über zehn Jahren entdeckt, daß er gar keine Bewilligung habe, hat er mir erzählt, als ich ihn kürzlich an einem ganz ungewohnten Ort beim Spazierengehen traf, und ihm den Stand weggenommen. Was soll man zu solchem Blödsinn bloß sagen?

Meine pekuniär eher instabile Lage hat mit *dieser* Chaos-Küche zu tun. Für sie den richtigen Verlag zu finden, der begriff, was und wie ich in ihr kochte, war gar nicht so einfach. Und auch die Erkundung der Volksmeinung hatte seine Tücken: Meine Zahnärztin, eine passionierte Köchin, betonte, daß sie nur Kochbücher mit wunderbaren Fotografien kaufe. Das sei überhaupt das Ausschlaggebende, die exquisite Ausstattung, damit man es auch außerhalb der Küche liegen lassen könne. So ein tolles Buch dürfe auch sehr viel kosten, der Preis sei ihr egal. Ich zuckte zusammen, und zwar nicht nur, weil sie mit einer Spritze drohte, sondern wohl auch ihre Leidenschaft mit meinen Besuchen finanziert.

Und schon fiel mir Oma und *ihr* Kochbuch ein. Diese Kombination ist gar nicht so abwegig, denn Oma betonte immer, daß sie vor dem Besuch beim Zahnarzt ihren Brillantring ablege, um ihren Zahnarzt nicht zu schwindelnd hohen Reparaturkosten zu verleiten, die sich eine alte Dame wie sie nicht leisten könne. Wir Enkelkinder fanden das deplaziert und kicherten über Omas Sparbemühungen. Besonders mir als höherer Tochter war Omas Ausspruch: »Hier 'ne Mark und da 'ne Mark, das läppert sich zusammen«, höchst schleierhaft. Erst als ich nach der Scheidung meiner Mesalliance samt zwei Kindern, dafür ohne Ausbildung, ziemlich verblüfft auf dem Trockenen saß, merkte ich, daß Oma schon »streetsmart« war, als es diesen Begriff bei uns noch gar nicht gab. Ich spülte ein Konfitüreglas aus und sammelte gewissenhaft alle Fünfer. Damit sind natürlich Rappenstücke gemeint, die bescheidenste Schweizer Währungseinheit. Und wenn uns die Kohle fehlt, wird auch heute noch dasselbe Glas angezapft.

Omas Rezepte für alle möglichen und unmöglichen Lebensumstände waren, wie ich wußte, in jenem einzigen Kochbuch notiert. Es fiel schließlich nach einer Stunde telefonischer Überredung aus meiner Mutter Küchenschublade in meine Hände und auf den Küchentisch. Dieses Buch wird in unserer Familie wie ein Kleinod gehütet, obwohl das Titelblatt irgendwann in der Hitze eines Kochgefechts mit Mafalda erst fettig bekleckert, dann kurzerhand weggerissen wurde. Omas Rezeptsammlung ist allerdings ein ziemlich merkwürdiges Sammelsurium. Eigentlich eher ein Haushaltsbuch, in dem zwischen vielem anderen ihre Rezepte eingestreut sind. Für den wie Sanddünen wogenden, rahmiggoldgelben Quarkkuchen, die legendären Kindeli, ein unsagbar köstliches Mürbegebäck mit einer Füllung aus Aprikosenkonfitüre, Zucker, Schokoladenpulver und karamelisierten Rosinen, für die innen noch feuchten, außen klebrigknusprigen Schokoladenwürfel. Dies aber beileibe nicht pingelig alphabetisch geordnet, sondern in friedlicher Koexistenz mit langen Haushaltsgeldzahlenkolonnen, der seitengroßen Mahnung »Achtung Mottengefahr für Militärkleider«, exakten Einkaufslisten, auf denen Seidenstrümpfe figurieren, der Erinnerung, daß die Schneiderin noch zwanzig Franken bekommt und Rudis Geburtstag nicht vergessen werden darf, und einer etwas merkwürdigen Inventarliste über den Inhalt ihres Schlafzimmerschrankes, anno 8.7.38. Oma besaß demzufolge damals bloß zwei Korsetts, dafür einundsechzig weiße und drei karierte Taschentücher.

Ich verlor mich zwischen Rezepten und Aufzeichnungen in Omas Alltag: eine Reise durch die Sensationen des Normalen, die ich viel spannender finde, als die Lektüre irgendwelcher hochdramatischer Romane. Zwischen den vom Durchblättern zerfledderten Seiten entdeckte ich auch noch lose Zettel, darauf waren die begehrtesten Rezepte der Verwandtschaft notiert: Mama Landaus Leberknödel, Luisis Haselnußtorte und eine legendäre Mandeltorte mit sechsundzwanzig Eiern. Die sich so eindrucksvoll präsentierte – sechsundzwanzig Eier! –, daß man sie gar nicht zu backen brauchte und schon mit der Erwähnung, im Besitze eines solchen Rezeptes zu sein, Eindruck schinden konnte. Alle diese Flatterrezepte hatte Oma gleich dreifach aufgeschrieben, auf daß sie niemals verloren gehen konnten.

Wenn also Omas kostbar zerfleddertes Kochhaushaltstagebuch in unserer Familie sozusagen Reliquienwert hat, wieso sollte dann ausgerechnet dieses Buch, an dem ich jetzt gerade schreibe und koche, zu einem Luxuswerk gestylt werden? Damit wir erst in einem Dutzend verschiedener Läden unglaublich teure Zutaten einkaufen, beim Kochen gestreßt drin blättern und schließlich beim Vergleich – das da auf dem Foto wäre das korrekte Resultat und dieses Häufchen hier ist der Lohn meiner dreistündigen Schufterei – die Tränen der Erbitterung aus den Augen wischen. Oma hätte sich bloß an die Stirn getippt. »Fritzlihelenbobi, äh Marianne« – sie konnte sich unsere Namen nie merken und ratterte immer erst die falschen, darunter auch diejenigen von Haustieren, herunter –, »was sollen meine Damen mit Lachsmousse? Hätten nicht auch Sardinen gereicht?« Also, was ich eigentlich bis hierhin sagen wollte: Omas Chuzpe und ihr Talent, aus wenig etwas Einmaliges zu machen, war und mußte der Leitfaden für meine Chaos-Küche bleiben. Das begriff auch der richtige Verlag. Und meine Zahnärztin? Zu der gehe ich trotz Loch im Zahn nicht mehr.

NO MONEY

Die Damen waren natürlich Omas Bridgepartnerinnen, die sich jeden Mittwochnachmittag bei wechselnden Gastgeberinnen zum Spiel an mit grünem Filz überzogenen Klapptischen versammelten. Nach dem Spiel war es die vornehme Aufgabe der jeweiligen Gastgeberin, die Damen zu verpflegen, was mit der Zeit zu einem kulinarischen Wettbewerb ausartete. Mit zunehmendem Alter wurde Oma aber immer vergeßlicher. So kam es, daß sie eines Mittwochs bei uns in Winterthur zu Mittag aß und danach gemütlich schnarchend ihren Mittagschlaf auf dem Sofa hielt. Plötzlich fuhr sie mit einem Schrei auf: »Um Himmels willen, die Damen bridgen heute bei mir!« Natürlich hätte Mafalda sie vor der Abfahrt rechtzeitig auf ihre Bewirtungspflichten aufmerksam machen können. Aber wieso auch! Frau Plumstein hatte schließlich auch ein Hirn, oder? So raste Oma, die Kamelhaardecke um die Schultern geworfen, denn die Heizung in ihrem Fiat funktionierte wieder nicht, zu unserer Haustüre hinaus und bretterte Richtung Zürich.

Ich saß als Verstärkung schlotternd auf dem Beifahrersitz und machte sie schüchtern auf rote Ampeln aufmerksam. Und kurz vor Zürich darauf, daß wir nicht etwa in einem anscheinend neuen Tunnel fuhren, wie Oma erstaunt konstatierte, sondern unsere Kühlerhaube sich aus der wackligen Verankerung gerissen und vor uns erhoben hatte. Wieder zeigte Oma, wie erstaunlich gelassen sie sämtliche brenzligen Situationen meisterte. Sie schwenkte – ratsch – aus, eilte um den Wagen, knallte die Haube zu, fuhr quer durch Autos wieder auf die Überholspur geradewegs in die Garage, deren Türe Mafalda glücklicherweise vorher geöffnet hatte. Ich öffnete die Augen und wankte hinter ihr her zum Lift. Oma hängte ihre Riesentasche an die Garderobe, schrie »Mafaaaalda, die Damen kommen in einer halben Stunde!«, eilte in die Küche und machte sich ans Werk.

Während Mafalda den Bridgetisch und die Klappstühle im Salon aufklappte und Blöckchen mit Bleistiften verteilte, inspizierte Oma wie ein Feldwebel ihre Küchenschränke und den Kühlschrank. Eine einsame Avocado? Daraus wurde pikante Avocadocreme auf Crackers. Eine Schachtel tiefgefrorener Crevetten? Oma kreierte mit ihnen und noch einigen zufälligen Zutaten den weltbesten Crevettencocktail. Sardinen und Quark mixte sie zu Teebrötchenaufstrich. Aus Kuchenresten, einer Dose Birnen und Kirschwasser entstand eine opulente Dessertplatte. Dann, es müssen etwa noch fünf Minuten bis zum Bridgecountdown gewesen sein, verschwand eine derangierte und sich Luft zufächelnde Oma im Badezimmer, um genau beim ersten Türklingeln als strahlende Diva an die Türe zu eilen. Das und nicht ihre Derwischarbeit in der Küche hat mich damals immer am meisten beeindruckt. Wie brachte Oma es bloß fertig, sich binnen Minuten von einer alten, erschöpften Frau in eine Grande Dame zu verwandeln?

Es darf nicht verschwiegen werden, daß sie auch das Gegenteil beherrschte. Wenn sie zum Beispiel beim Falschparken – Oma betrachtete ganz Zürich als ihren Privatparkplatz – erwischt wurde, sackte sie vor dem Steuer zusammen, kurbelte mit zitternder Hand die Scheibe herunter und bat mit brüchiger Stimme: »Lieber Herr Polizist, ich bin doch nur eine arme, alte Frau, die ihre kleine, kranke Enkelin zum Arzt bringen muß« um Milde. Diese Blamage. Mehr als einmal hätte ich sie deswegen glatt umbringen können. Eine solche Oma mußte man gleichzeitig lieben und hassen. Erst viel später ist mir dann aufgegangen, daß ich genau nach meiner Oma schlug. Nicht nur, weil ich als einzige in der ganzen großen Familie braune Augen habe wie sie, sondern weil ich ihren Hang zum geordneten Chaos, ihre Anfälle zu maßlos übertriebener Sparsamkeit sowie genauso überbordender Großzügigkeit und, ich gebe es zu, ihre Taktlosigkeit geerbt habe. Lavieren und vornehm den Mund halten waren nie meine Stärke. Was sich im Leben nicht unbedingt auszahlt. Jedenfalls materiell.

Deshalb gibt es bei uns häufig Reste, sie kosten wenig und schmecken – ungelogen – am besten. Das Geheimnis ist, sie mit Hilfe von »mehrbesseren« Zutaten so grandios zu verpacken, daß sie nach einer Premiere aussehen. Daß in der Bratpfanne aufgewärmte, gebrut-

NO MONEY

zelte Spaghetti toll schmecken, weiß ja nun jede/r. Auch das Geheimnis des endlosen Sauce-Bolognese-Topfes, der sich durch die ganze Woche hinzieht, sollte Ihnen bekannt sein. Aber solche Tips möchte ich mir verkneifen, denn sie entbehren diesen gewissen Küchenglamours, der auch armseligen Küchenmomenten einen himmlischen Duft verleiht. Genau wie bei den Köstlichkeiten meiner Oma, bei deren Auftragen die Damen in Entzücken ausbrachen und die Gastgeberin priesen. Danach amüsierte sich Oma königlich und rechnete sich aus, wieviel sie durch ihre Vergeßlichkeit eingespart hatte.

Omas rosaroter Damencrevettensalat

Um ihn zubereiten zu können, sollten immer tiefgekühlte Crevetten vorrätig sein. Ein kleines Paket, etwa hundert Gramm, reicht völlig aus, um vier Personen zu verwöhnen. Es lohnt sich, ein solches beim nächsten Einkauf mitzunehmen. Die Crevetten brauchen nicht aufgetaut zu werden, sie tun dies inmitten der ihnen beigefügten Zutaten von alleine. Man findet sie in jedem, auch in Ihrem Kühlschrank: Zwei hartgekochte und gewürfelte Eier, zwei geschälte, nicht zu fein geschnittene Äpfel, drei gestückelte Essiggurken. Ein Becher Naturjoghurt und ein halber Becher Mayonnaise werden mit soviel Tomatenmark oder Ketchup vermischt, bis ein vornehmer, feinrosa Farbton entsteht. Mit Salz, Pfeffer und Paprika abschmecken, zuletzt ein Schüßchen Cognac dazu. Alles zusammen vorsichtig mischen. In eine Schüssel wird nun erst gehörig *viel* in Streifen geschnittener grüner Salat gehäuft, darauf der Crevettensalat drapiert und mit einigen Eierwürfelchen und Paprika dekoriert. Sieht toll aus, schmeckt absolut erfrischend, und niemand wird bemerken, daß die Chose gehörig gestreckt ist und die Crevetten auf der Gabel zur geschmackvollen Nebensache mutieren.

Bei Oma gab es dazu Crackers, die in die rosarote Sauce gestippt wurden. Was aber, überlegte ich mir, wenn dieser Crevettensalat als sättigende Mahlzeit serviert werden soll? Was könnte dazu als Beilage aus Resten gezaubert werden? Mein Blick fiel auf altbackenes Brot und, ich gestehe, auf ein Rezeptbild aus einer Frauenzeitschrift, die einen Brotsalat vorgekocht hatte. Allerdings viel zu aufwendig. Nach ein paar Abstrichen, wer kauft schon extra Gewürze, die man nur alle paar Schaltjahre streuen kann, machte ich mich ans Werk. Sie hoffentlich auch:

Brotsalat

Würfeln Sie drei dicke Scheiben des altbackenen Brotes, das Sie schon seit Wochen zu den Elefanten im Zoo schleppen wollten, das aber immer noch im Brotkorb herumliegt. In einem hübschen See Oliven-, es reicht aber auch ein »normales« Öl, werden die Brotwürfel samt einigen Zehen Knoblauch langsam geröstet, bis ein wunderbarer Duft durch die Küche weht. Und dann noch Stunden trotz Abzughaube über dem Herd in allen Räumen steckt. Bei uns jedenfalls. Sie sind also gewarnt. In eine Schüssel werden, falls vorhanden, eine Dose weiße, dicke Bohnen geleert, einige Tomaten, in Viertel geschnitten, mehr oder weniger feine Zwiebelringe, Salatgurken- und/oder Karottenscheiben dazu. Alles mit wenig Öl und Essig, Pfeffer und Salz durchmischen, dann die Brotwürfel hinzugeben und nochmals mit Essig abschmecken. Ganz Raffinierte zaubern noch italienische Petersilie zum Garnieren darauf. Dieser Salat vertilgt alle Brotreste und sieht auch noch raffiniert aus.

NO MONEY

ExistentialistInnentoast

Es könnte natürlich sein, daß sich in der Küche außer Eiern, Milch und altbackenem Brot gar nichts mehr finden läßt und das Gehalt trotz diskreter Anfrage dreimal pro Tag bei der Bank noch immer nicht auf dem Konto eingetroffen ist. Dann lohnt es sich, alles Kleingeld zusammenzuklauben, um es an der Kasse mit einem gemurmelten »da sind Sie sicher froh drum« samt einer Büchse Apfelmus vorzuzeigen. Das Brot wird in etwa fingerdicke Scheiben geschnitten, kurz in warme Milch gelegt, aber so, daß es nicht zerfällt, dann in zerschlagenem Ei gewendet und auf jeder Seite solange in der Bratpfanne gebraten, bis es lieblichbraun ist. Sofort mit einer Zuckerzimtmischung dick bestreuen, Apfelmus daneben geben und genießen. Wie kommt es nur, daß solche Verzweiflungsspeisen auch noch am besten schmecken? Die Welt kann eben auch manchmal köstlich gerecht sein.

Neben mir liegt ein Zettel, auf dem unser Familienrezept für Kirschentschu notiert ist. Als Kind dachte ich immer, dieses Rezept für eine fruchtige Brotverwertung käme aus China. Ich liebte diesen Resteauflauf, der neben schwersüßen Brotstückchen auch saftige Kirschen, manchmal halbe Aprikosen enthielt. Er wurde auf dem Teller mit einer dicken Vanillesauce übergoßen, so daß nur da und dort noch ein Brotberggipfel herausragte. Soll ich Ihnen diese dritte Art, Brot elegant aus dem Abseits zu zaubern, auch noch verraten? Oder wird es Ihnen inmitten dieser Resteträume bereits ganz trist zumute, und Sie möchten nun lieber zum Kapitel »Schlaraffenland« zurückspringen? Aber, Sie wissen ja, da geht es auch nicht vornehmer zu.

Westöstlicher Früchtetschu

Reichlich altbackenes Brot wird in dicke Scheiben geschnitten und in genügend kochendheißer Milch eingeweicht, bis es ganz bedeckt ist, die Brotmasse flockig wird und zu einem Brei gerührt werden kann. Es ist wichtig, daß die Milch wirklich heiß ist, sonst rührt man sich die Arme wund. Jetzt werden drei bis vier Eier getrennt und das Eigelb mit einigen Eßlöffeln Zucker, je nach Süßigkeitsgusto, schaumig gemixt. Wenn vorhanden, eine (unbehandelte) Zitronenschale dazureiben oder auch einen Rest gemahlene Haselnüsse/Mandeln hinzugeben. Fakultativ. Alles zum Brotbrei geben, gut vermischen, das Eiweiß schaumig schlagen, mit einem Gummischaber darunterheben und zuletzt zwei Handvoll Kirschen oder halbierte Aprikosen hinzufügen. Die Früchte bitte zuletzt, sonst flutscht das Eiweiß ganz eklig um sie herum, statt sich flaumig zu integrieren. Wenn Sie's einmal falsch gemacht haben, wissen Sie, was ich meine. In eine hohe Glasbackform füllen und im Ofen bei 200 Grad solange backen, bis ein hineingepikstes Holzstäbchen sauber herauskommt. Bei mir dauert das ungefähr 45 Minuten. Kaufen Sie genügend Milch ein, so daß noch eine Beutelvanillesauce gekocht werden kann. Der Auflauf kann entweder kalt mit heißer Vanillesauce oder heiß mit kalter Sauce serviert werden.

Nach einem solchen Restefestival sollten nach meiner eigenen Erfahrung nicht nur alle Brotreste verputzt, sondern auch das Konto wundersamerweise wieder soweit gefüllt sein, daß zu einem Großeinkauf gestartet werden kann. Den man eigentlich nur schätzt, wenn vorher magere Tage dank radikaler Verwertung aller Ressourcen überstanden sind.

Tastenfood 9. GANG

Das kleine Krümlige über Ihrem Computer

TASTENFOOD

Computer sind so unberechenbar wie Katzen. Wehe, wenn sie ungehalten sind. Deshalb brauchen wir alle, die wir zusammen mit ihnen im selben Haushalt leben und arbeiten müssen, Stärkung des Gemütes und der Nerven. Doch nicht alles ist geeignet, um über den Tasten verschlungen zu werden. Zu sehr lauert die Gefahr des krümligen Absturzes.

Eigentlich schrieb ich bis vor einigen Sekunden an einem anderen Kapitel. Doch mein Computer benimmt sich so aufmüpfig – er läßt die Worte einfach ins Nirwana abstürzen –, daß ich schließlich seinen Wink verstanden habe: Kulinarische Themen wie Picknick oder den ganzen Sonntag im Bett zu »verfaulen« interessieren ihn (ich nehme einmal an, daß *er* ein Er ist) verständlicherweise nicht, da er an solche Orte ohne Stromanschluß und stabile Unterlagen nicht mitreisen darf. Er will sich hier beschrieben haben, und zwar sofort.

Jetzt müssen Sie wissen, daß eine Schriftstellerin wie ich eine voll funktionsfähige Arbeitsoberfläche braucht, um kreativ zu sein. Ist dies nicht der Fall, so bietet sich eine willkommene Entschuldigung, um etwas anderes zu tun. Wie zum Beispiel staubzuwischen oder spontan eine Maniküre einzulegen. Auch Hund Timmy bietet sich immer mit traurigem Blick an, um einen langen Spaziergang herbeizubetteln. Dabei bilde ich mir ein, währenddessen neue Ideen schön zurechtzulegen, um sie dann zu Hause ohne Zögern perfekt hinzutippen. Was aber nicht gelingt, wenn die Tasten nicht genau an meine Fingerschläge passen, und inzwischen fühlen sich die Katzen sowieso vernachlässigt und rächen sich dementsprechend erfinderisch.

Was hat dies wohl mit dem Computer zu tun, werden Sie sich spätestens jetzt fragen. Alles. Auch Computer haben Seelen, genauso launische wie Katzen, und kämpfen um Vorrangstellung in städtischen und ländlichen Haushalten. Sie sind zickig, schnell beleidigt, manchmal liebenswürdig, immer hungrig nach Anerkennung, schnurren leise, und bisweilen haßt man sie wegen ihrer Missetaten so grauenhaft, daß man sie zum Fenster hinauswerfen möchte. Darf ich Ihnen jetzt – ich traue mich gar nicht, diese Bezeichnung auf ihm hinzuschreiben – meinen *altgedienten* Atari vorstellen. Ein Wichtigtuer verstieg sich kürzlich sogar zur Bezeichnung: Steinzeitmodell. Wenn meinem Alten etwas nicht paßt, pfeift er kurz, als würde er einen Asthmaanfall erleiden, läßt darauf drei Bomben, genau wie diejenigen der Panzerknacker in den Mickymaus-Comics, auf dem Monitor erscheinen und versinkt beleidigt dahin, wo ihm niemand folgen darf. Er rächt sich auch, wenn ich ein ganzes Wochenende nichts auf ihm schreibe. Dann läßt er sich zwar wie geölt einschalten und schreibt gewissenhaft ganz viele Zeilen auf, um plötzlich, ohne zu speichern, wegzutauchen. Siehst du, scheint er zu sagen, genau das passiert, wenn du mich einrosten läßt, da bin ich einfach nicht mehr so fit.

Sie können sich auch gar nicht vorstellen, wie ich ihn umschmeicheln mußte, nachdem er für lange Monate einem dieser kleinen schwarzen Tastenwizards in Köfferchenform, einem Apple Powerbook, weichen mußte. Mein nicht so eleganter, alter Grauer verschwand neben Nackenrolle und Moltons im Wäscheschrank. Es dauerte lange, bis ich mir eingestehen mußte, daß mein Neuer ein wenig beschränkt war. Er verstand mich nicht. Und es interessierte ihn auch nicht, was ich auf ihm schrieb. Er hatte einfach keine Meinung. Kurz, dieses Buch durfte nicht auf ihm verfaßt werden. Ich beschloß, ihn künftig für Schnellfutter einzusetzen, das er bereitwillig hinschreibt und flugs ausdruckt. Dann (er)öffnete ich meinem alten Freund die Schranktüre und ein Comeback auf meinem Schreibtisch.

Ich war meinem Tastenfreund verfallen, und zwar für immer. Und er mir. Deshalb mag er es nicht, wenn ich ihn vernachlässige. Er verlangt von mir, daß ich eine angefangene Arbeit auch zu Ende bringe. Und mich dazwischen gefälligst mit Computerfood, das ihm auch paßt, ernähre. Computerfood soll wie das duftende Soul-food des amerikanischen Südens anregend, schnell und simpel in der Zubereitung, aber ungefährlich für das Innenleben meines bombenlegenden Freundes sein. Außerdem muß es so serviert werden können, daß es in eine Schüssel gleich neben die Tastatur paßt oder in einem Teller auf dem Monitor balanciert, ohne sich über die Mattscheibe zu erbröseln. Es sollte, wenn es wegen eines besonders genialen Einfalls vergessen wird, sich selbst weder durch Erkalten noch durch Miefen in Erinnerung rufen. Und es darf die Finger nicht mit Fett überziehen. So fallen Fischnuggets, wie Massimo hoffnungsfroh vorhin vorschlug, weil er weiß, daß hier nicht nur geschrieben wird, sondern auch alles getestet, weg.

Atari & Weissberg proudly present: das Computermüesli:

So ein Müesli darf bis weit in die Mittagsstunden serviert werden, es ist bequem löffelbar und schnell verputzt. Ich bin aber sehr pingelig, was die Mischung, sozusagen die Hardware des Müeslis betrifft. Auf keinen Fall soll sie fixfertig irgendwo vom Regal gefischt werden. Lesen Sie doch mal, was so alles in einem Beutel Normalmüesli drin ist. Das würden Sie nicht einmal Ihrem Hamster verfüttern. Am perversesten ist meiner Meinung nach die Zugabe von Cornflakes, die schon nach drei Sekunden wie schlabbrige Herbstblätter im Joghurt versacken. Ich mixe also selber.

Computermüesli

Dazu grase ich das Flockenregal im Supermarkt oder im Körnerpickerladen ab und halte nach so gesunden Sachen wie Haferflocken, Hirseflocken oder, bequemer, Vollwertmischungen aus verschiedenen Getreideflocken Ausschau.

Jedoch, in der Unkompliziertheit liegt die Kunst. Rennen Sie nicht wegen der genau richtigen Flöckchen in drei Läden herum, zur Not tun's auch altmodische Haferflocken. Raffinierteres hat auch das legendäre Schweizer Dr.-Bircher-Benner-Müesli nicht aufzuweisen. Weiter geht es zur Backzutatenabteilung: Da liegen die Beutel mit Rosinen, Haselnüssen, Feigen, Baumnüssen und, kürzlich entdeckt, diejenigen mit getrockneten exotischen Fruchtstückchen. Die finde ich irgendwie aufregend. In der Küche kann dies alles direkt in einem großen Vorratsglas gemixt werden. Bevor der Vorrat zur Neige geht, wird nachgekauft, werfen Sie einfach immer etwas Neues ins Glas. Fürs Anrühren des Computermüeslis wird Naturjoghurt oder Quark, Ihre Müeslihardware, zusammen mit frischen Apfelstückchen – entweder gewürfelt oder grob gerieben – gemischt, wenn's noch schneller zwischen zwei Bytes gehen soll, einfach mit einigen Bananenscheibchen versehen, mit einem Schuß Orangensaft, Milch oder Rahm schön sämig, aber nicht flüssig gerührt. Mit flüssigem Honig oder der selbstgemachten Aprikosenkonfitüre aus dem Kapitel »Schlaraffenland« gesüßt. Das dauert wirklich nur drei Minuten, weil statt einer umständlichen Frischfrüchtehäckselei die getrockneten ins Küchengame geworfen werden. Mein Computermüesli kleckst garantiert nicht beim Löffeln über den Tasten – testen Sie Ihres lieber erst über dem Küchentisch – und bleibt während langer Zeit appetitlich wartend neben Ihrem klugen Freund stehen.

Meine Eltern wünschten sich nichts so sehr wie eine kleine Hauskapelle, formiert aus uns drei begabten Kindern. Meine Mutter hatte nämlich die Biographie Yehudi Menuhins studiert. Doch meine Schwester strich trotz Hauslehrerin so gräßlich mißtönend auf ihrer kleinen Kindergeige herum, daß sie ihr eines Tages – unter Geheule – weggenommen wurde. Mit mir im Klassenverband flötenspielender Ungeheuer hatte man weniger Ungemach. Mein Instrument mußte

TASTENFOOD

zwar regelmäßig ersetzt werden, weil ich es zum Fechten mit Bruder Fritzli benutzte, aber meine seltenen Übungssessions waren zum Aushalten. Nun wurde für meine schmollende Schwester hoffnungsfroh ein Klavier angeschafft, auf dem sie Stunden nehmen sollte. Genau oben drauf plazierte ich meine Puppenstube. Der darin hausenden Familie servierte ich Menüs, nämlich Tellerchen und Täßchen voller Hirsekörner. Eines Tages kippte der Familientisch um und das Abendessen kollerte direkt zwischen die linken Tasten, so daß es dort nun fürchterlich knirschte, als ich probeweise den Kotelettwalzer anschlug. Ich hatte Glück, daß meine Schwester genau an diesem Tage das Klavierspielen für immer bestreikte. Damit niemand merkte, daß die hohen Töne blockiert waren, spielte ich tagtäglich ein wenig den Kotelettwalzer in den tiefen Tonlagen auf der anderen Tastenseite. Als schließlich eine junge Dame kam, um das Klavier vor dem Kauf auszuprobieren, drückte ich mich so penetrant neben ihr herum, daß sie seufzend das Instrument auf Zusehen hin kaufte. Das Klavier kam fort, und wir hörten erstaunlicherweise nie mehr von ihr.

Auch in meinem Tastentaboulé aus Hirsecouscousgrieß steckt wohl noch ein Restchen Verstopfungsgefahr, die aber durch das Einweichen der Körner gebändigt wird. Das Wort Taboulé klingt nicht nur schön, sondern versetzt mich, wenn ich auf den grauen Monitor starre, stracks in den Sommer. Zum ersten Mal aß ich es während einer Hitzewelle in Boston. Dort, in einer düsteren Wohnung, wo ich für einige beduselte Jet-Lag-Tage ein Zimmerchen direkt gegenüber einer Backsteinmauer bewohnte, stand in der Küche ein Riesenkühlschrank, darin eine Schüssel mit einem merkwürdigen, pfefferminzduftenden, lockeren Salatberg. »Iß davon, soviel du magst«, sagte eine stämmige Mitbewohnerin, bevor sie verschwand und mich alleine hinter vierfach verriegelter Türe zurückließ. Das Taboulé rettete mich über die schlimmste Hitzewelle dieses Jahrhunderts, in der man in Boston nur einkaufen konnte, indem man mit einer Wasserflasche bewaffnet von einem gekühlten Geschäft ins andere hüpfte. Ich zog es vor, aus der Schüssel zu löffeln und dösend vor unserem Ventilator zu sitzen, bis die Temperatur endlich unter 35 Grad fiel.

Mit einem schönen Berg Tastentaboulé versorgt, müssen Sie sich nicht mehr um das Leben draußen kümmern. Es ist nahrhaft, voller Vitamine, alleine gut und als Beilage passend.

Tastentaboulé mit Dekoration

Sie brauchen für die Zubereitung Couscousgries, den es heute in jedem Supermarkt gibt. Anfangs rührte ich übrigens fertige Taboulémischungen, die aus einem Säckchen Gries und den konservierten Zutaten in einem mit knallbuntem Etikett beklebten Glas bestanden und gar nicht schlecht waren, doch es macht wirklich mehr Spaß, es eigenhändig und schnell zu mischen. Beim Gemüsestand greifen Sie zu mindestens drei Zitronen, knalligen Peperoni oder Tomaten, vielleicht ergattern Sie frische Pfefferminze, ansonsten packen Sie einfach getrocknete in den Einkaufskorb. Oliven und Zwiebeln sind doch noch im Kühlschrank, wie steht's mit Essig und (Oliven-)Öl?

In Ihrer größten Schüssel mixen Sie nun eine Tasse Couscousgries mit all dem Zitronensaft, den Sie aus den Früchtchen quetschen können. Und gießen soviel warmes Wasser nach, bis alles schön bedeckt ist. Keine Angst vor Überschwemmung, Taboulé ist durstig und quillt blitzschnell auf. Ab in den Kühlschrank. Nun werden drei Tomaten oder zwei Peperoni, Oliven nach Gusto und eine Zwiebel ziemlich klein gewürfelt und in den gequollenen Couscousgries gemischt. Salzen und pfeffern und entweder frische, gehackte oder etwa zwei Beutelchen getrocknete Pfefferminze dazugeben. Stellen Sie das beinahe fertige Taboulé wieder kühl, um es von Zeit zu Zeit kritisch zu begutachten. Wirkt es trocken? Dann einfach nach Geschmack entweder etwas Wasser oder Essig zugeben. Erst zum Schluß kommen etwa zwei Eßlöffel Öl dazu. Ihr Taboulé sollte saftig sein, aber ja nicht tropfen. Wir alle wissen, warum. Und falls doch etwas zwischen U und Z klackst, kann es, da nicht in Laufwerktiefen rieselnd, einfach mit dem Staubsauger weggeputzt werden. Bei jedem kreativen (Hunger-)Loch oder dann, wenn Sie das Ungeheuer im Computergame einfach nicht finden können, sausen Sie einfach zum Kühlschrank, legen reichlich Taboulé auf, geben einige Fetawürfel darauf oder mixen Rosinen

und Thunfisch aus der Dose darunter. Wie wäre es mit Taboulé und saftigen Melonenwürfeln? Einigen Crevetten? Etwas Mozzarella? Enter: eine ganze Mahlzeit. Taboulé wird übrigens mit jedem Tag, den es im Kühlschrank ziehen darf, immer besser und intensiver.

»Was möchtest *du* über den Tasten essen?« fragte ich meinen Gefährten, am Computer sitzend, über die Schulter hinweg. Er aber hörte mich gar nicht mehr, denn er war schon auf dem Weg zum Kiosk und kam mit einem Beutel M&Ms zurück.

»Wahnsinnig originell«, tadelte ich ihn, »meinst du, ich werde dafür bezahlt, daß ich hier für Fertiggerichte Reklame mache?«

»Tja«, sagte Massimo nachdenklich kauend, während er bereits beim zweitletzten Bonbon angelangt war, ohne mir welche abzugeben, »wirklich schlimm wäre doch, wenn du verklagt würdest, weil diese Dinger ja doch zwischen den Fingern schmelzen, obwohl das in der Reklame deutlich verneint wird.«

»Ach was, du verwechselst das mit den Treets«, sagte ich ihm und erzählte die Geschichte, wie Helene und ich als Kinder genau diese Fernsehspots verulkten und uns dafür mit Schokoladepfoten in Haaren und Kleider herumfuhren. Was Karoline Frohgemut verständlicherweise in Rage versetzte. Mitten in diese faszinierende Geschichte platzte telefonisch meine texanische Freundin Cheryl und lenkte meine Gedanken nach Übersee. Genauer, zu »Mrs Fields' Cookies«, einer Bäckereikette, deren Ausstoß aus unzähligen Blechen voller noch warmer, schwerduftender, feuchtmürber Cookies – Guetzli oder Plätzchen, wie wir in Europa altmodisch sagen – besteht. Jedes untertassengroße Stück, vollgepackt mit Überraschungen wie Chocolate-Chips, Nüssen oder Rosinen, eine Wonne. Garantiert krümelfrei, da kompakt, aber trotzdem nicht schwerauffliegend. Genau richtig für die Tastenarbeit.

Zwei Tage lang trug ich die Idee für Computercookies mit mir herum, dann erblickte ich beim Zeitungskauf viele, viele bunte Smarties und wußte: Meine Computercookies sollten auch ein solch farbiges, jedoch schmelzsicheres Innenleben haben. Ich eilte an den Backofen und machte mich ans Werk. Nein, nein, natürlich mußte ich wie Sie jetzt vorher ein wenig herumrennen: Doch alle Zutaten finden Sie im Bermudadreieck: Lebensmittelladen um die Ecke, Apotheke und Kiosk. Beim letzteren erwischte ich prompt die falschen bunten Schokoladebomber: nämlich ein quietschgelbes Säckchen M&Ms; dickovale Erdnüsse, umhüllt mit signalrot/knallgelb/giftgrün/erdbrauner Schokoladeglasur. Eigentlich wollte ich ja die flachen Kleinufos kaufen – »die im braunen Tütchen, das weiß man doch«, grinste mein Jüngster – doch echte Chaos-KöchInnen machen aus jedem Versehen das Leckerste: Und wollte ich nicht neben Schokolade auch noch Nüsse in den Cookies? Na also, da hätten wir sie.

Im Lebensmittelladen erstand ich neben zwei Dosen Katzenfutter folgende cookiewichtige Zutaten: Kochbutter, braunen, groben Zucker, Allerweltsmehl, Freilandeier, Vanillinzucker. Und eine Rolle Backpapier. In die Apotheke raste ich leider erst, nachdem ich schon inmitten von Schüsseln, Mixer und Backblech eingekeilt war und Cheryl, die mir live in die Backerei telefonisch amerikanische Maßeinheiten in unsere Küchengepflogenheiten übersetzte, mitteilte, daß das Geheimnis echter mürber Cookies »baking soda, absolutely!« sei. Also Natriumcarbonat, welches, in Massen verwendet, übrigens auch ihre Zähne strahlendweiß mache. Interessant, nicht wahr? Vor allem, wenn man es nicht eingekauft hat.

 TASTENFOOD

Meine Computercookies

Nun zur Fabrikation: Heizen Sie den Ofen auf 200 Grad vor. Belegen Sie ein Kuchenblech mit Backpapier. Nun nehmen Sie Ihre größte Tasse aus dem Geschirrschrank. In einer kleineren Schüssel mischen Sie zuerst eine Tasse – ich verrate es Ihnen, Cheryl hat extra nachgeschaut: es sollten 225 Gramm sein – Mehl mit einem halben Teelöffel Salz und der gleichen Menge Backpulver. In einer großen Schüssel daneben werden eine halbe Tasse weiche Butter mit einer 3/4 Tasse braunem Zucker und einem Tütchen Vanillezucker schaumig gemixt. Zwei Eier hineinschlagen und gut unterrühren. Dann kippen Sie langsam das Mehl hinein, gehen dabei etwas in Deckung, denn es stiebt, verrühren alles gut und werfen zum Schluß eine halbe Tasse M&Ms hinein. Jetzt testen, schmeckt die Masse lecker? Klar, nun werden mit Hilfe zweier Teelöffel walnußgroße Häufchen mit genügend Abstand aufs Backpapier appliziert. Sie sollten aus dem Teig gerade zwei Ladungen backen können. Die Cookies benötigen höchstens 15 Minuten, um goldbraun zu werden. Es lohnt sich, wie ein Wachhund neben dem Ofen zu sitzen und aufzupassen.

Die fertigen Cookies gleich vom Blech nehmen und auf einem Rost auskühlen lassen, sonst werden sie trocken. Sie sollten auch superfrisch in eine Dose gelegt und versteckt werden, da sonst nur noch Krümel an den Computer gelangen – Computercookies sind verboten gut und werden schnell gemopst. Und so werden sie geschlemmt: Ein Glas Milch abfüllen, darauf ein Computercookie legen, neben den Computer stellen. So läuft (normalerweise) nichts aus, und die Milch ist vor allfällig anwesenden Katzen sicher. Abspeichern oder gar abschalten und mit geschlossenen Augen genießen.

Leider muß ich Ihnen mitteilen, daß mein alter Grauer letzte Woche in alle Bestandteile zerlegt wurde und anschließend im kreativen Durcheinander der beiden letzten Computerfreaks, die dieses Modell überhaupt noch reparieren können, verschwand. Die beiden Atari-Retter – sie mögen übrigens am liebsten Innereien – bewunderten den tadellosen, äußeren Zustand meines ersten Tastenfreundes sehr. Keine versickerte Cola, keine tief begrabenen Brösel, keine Sandwichreste in den Schnittstellen, lobten sie. Mein Guter sei, wie sie mir versicherten, an reiner Erschöpfung gestorben. Deshalb darf ich Ihnen mein Tastenfood wohl guten Gewissens weiterempfehlen.

Escape.

10. GANG

Sollen sie doch Kuchen essen

Von der Radiotorte bis zum Affärenkeks

SOLLEN SIE DOCH KUCHEN ESSEN

Zu Kuchen habe ich ein zwiespältiges Gefühl. Obwohl ich sie liebe, bin ich meist zu faul für die Küchenschlacht über der Teigschüssel. Deshalb ist es nützlich, an einige Rezepte lediglich süße Erinnerungen zu knüpfen und nur ganz wenige wirklich zu backen. Und schließlich beim Wunderkuchen kleben zu bleiben, der in vierzig Minuten eingekauft, zusammengerührt, gebacken – und weggemampft ist.

Dieses Kapitel schiebe ich schon lange vor mir her. Nur die Ode an die Frustration und eine nicht zu moralinsaure Abhandlung über Kamikazekulinarik waren noch schwieriger zu verfassen. Erstere erlebte ich vor und während des Schreibens immer wieder live, weil ich gar nicht geahnt hatte, wie schwierig es ist, ein Kochbuch – »ach, da schreibe ich doch einfach auf, was ich sowieso tagtäglich in der Küche tue, denn kochen und schreiben muß ich ja sowieso« – zu verfassen, was ich dann spätestens beim Hin- und Herrennen zwischen Supermarkt (»führen wir nicht in dieser Filiale«), Computer (»dein Programm taugt nichts, hahaha«), Backofen (»verdammt, schon wieder verbrannt!«), hilflosem Blättern in Kochbüchern (»bitte schauen Sie unter Nr. 1066, Paragraph f, k, p und dann wieder a nach«) und Streitgesprächen mit Mutter & Co (»wehe, wenn wir bei dir vorkommen!«), Abwimmeln großzügiger Rezeptspender (»als strikte Vegetarierin könnte ich dir aber ein Rezept für Menschenfleisch empfehlen«) und dem stetigen Auflegen neuer Speckpolster als den größten Irrtum meines Leben entlarvte. Neben zweihundert anderen, die ich aber vergessen habe.

Ja, ja, ich komme gleich zur süßen Sache. Jedoch, so ein Einstieg in das Kuchenkapitel darf ja ruhig etwas klebrig umständlich sein, oder haben Sie jemals einen Kuchen ohne Komplikationen fabriziert? Wenn ja, dann lesen Sie vielleicht im falschen Buch. Nun möchte ich Sie bitten, mit mir zusammen den Blick auf diesen schäbigen kunstledernen Ordner vor mir zu richten, der mich über alle Umzüge begleitet hat und meist doch lieblos in irgendeiner Küchenablage landet. Er ist gefüllt mit staubigen Erinnerungen an sechs Wochen Haushaltsschule am Zeltweg Zürich, Abteilung Sonderkurs für Feine Küche. Habe ich dort in der Großküche wirklich all diese Orangentorten, Zitronenrouladen, Mozarttorten, Streuselkuchen, Sachertorten, Kastanienapfelkuchen, Linzertorten, Charlottes Russes, Schwarzwälderkirschtorten, Berliner, Hefeschnecken, Apfelstrudel, Teeplätzchen, die hier vor mir auf vergilbten und verkleckerten Seiten ordentlich verzeichnet sind, gerührt, geknetet, verziert, gebacken? Es muß wohl so sein, das heißt, bei der Rüeblitorte habe ich bloß die Eiweiße mit dem Schneebesen ewig lang steif gerührt und wurde anschließend im Rotationsverfahren an die Kastanienapfeltorte beordert, um dort einen Berg roher Kastanien und meine Finger einzuritzen.

Unsere Kochlehrerin mit Diplom in kompletter Hauswirtschaftsführung legte großen Wert auf Universalbildung im Kuchenbacken. Wir durften uns also nicht auf die Gesamtproduktion einer eigenen Torte konzentrieren, sondern mußten hier mal drei Kilo Karotten reiben, dort mal zwanzig Bleche buttern. Es war Fließbandarbeit ohne jede Sinnlichkeit. Je mehr Wochen durchkocht waren, desto häufiger fand ich mich beim Mehlsieben, Zuckerabwägen und Nüsserösten.

Schlagrahm schlagen oder Schokolade schmelzen durften immer die anderen. Weit weg von mir. Frau, wie-war-doch-ihr-Name?, ah, ja, Huber, hatte natürlich schnell herausgefunden, daß ich eine Finger-in-den-Teigtipperin war. Und so was taten Elevinnen der Feinen Küche einfach nicht. Sie fand es gar nicht lustig, als während ihres Vortrages über das korrekte Einweichen von Gelatine ein ganzer Topf in Kirschwasser eingelegter Weichseln verschwand. Er stand neben einer Wienerin namens Purgi Rudhart und mir. Konnten wir zwei denn ahnen, daß die Früchtchen als beschwipste Surprise in die gelatinierte Rahmschicht der Schwarzwälderkirschtorte appliziert werden sollten?

Als Purgi mir einige Tage darauf mitten im Buttercremeaufschlagen für die Zitronenrolle ihre Lieblingshippietasche beschreiben wollte und dazu beide Hände zuhilfe nahm, von denen eine leider noch den auf Turbo eingestellten Mixstab hielt, und als ich am gleichen Vormittag zwecks Eiweißkompakttests die Schüssel, wie von Frau Huber befohlen, zackig umdrehte – pflatsch –, waren wir beide vollends unten durch. Wenn ich mich recht erinnere, habe ich das Diplom irgendwo zwischen Haushaltsschule und dem Weg zu Purgis Zürcher Bleibe – die Glückliche wohnte allein im Hotel Florhof, während ich jeden Abend nach Hause in mein miefiges Kleinmädchenbett schlüpfen mußte – in den Rinnstein geworfen. Kuchen backen, Braten schmoren, einen mit Sülze einbalsamierten Salm auf Zitronenscheiben fürs kalte Buffet aufzubahren, hatte uns nun wirklich nur ganz am Rande interessiert. Viel besser war doch die Tatsache, daß wir mit sechzehn alleine durch Zürich streifen konnten, während unsere Erzeuger uns über Kochtöpfen zu schwitzen vermeinten.

Eins ist mir allerdings ins Gedächtnis eingebacken geblieben: die Erkenntnis, wie eine tolle Torte aussehen und schmecken sollte. Unsere Oberköchin bestellte nämlich nur vom Allerbesten in den feinsten Lebensmittelgeschäften. Das bekamen dann die anderen Schülerinnen in den nicht so vornehmen Kursen zu spüren. Bei ihnen war Spargang angesagt, damit man für uns nur die frischesten Fische und das perfekt abgehangene Wild bestellen konnte. Es war direkt schon peinlich, wenn wir an unserem langen, weiß gedeckten Tisch Rehrücken garniert mit Rahmsauce und Hausmachernudeln, danach eine gewaltige Charlotte Russe auftischten, während die am Tisch nebenan Käsebrote mampften. Oder wenn wir uns die Bäuche hielten, weil die Schwarzwälderkirschtorte auch ohne Weichseln, dafür dreifach gefüllt und mit einer Extraschicht Schokoladenspähne bestreut, unsagbar köstlich war. Habe ich danach je eine Torte aus der Feinen Zeltwegküche gebacken? Nicht daß ich wüßte, ich klappte den Ordner zu und verstaute ihn neben meinen alten Schulbüchern.

»Ach was, du hast uns noch monatelang samstags mit dieser Buttercremezitronenrolle terrorisiert«, korrigiert Helene, die mir über die Schulter in den Computer linst. Und bestellt doch tatsächlich eine für den Geburtstag von Bibi, ihrer Jüngsten. »Nein, tut mir leid, aber dieses Kapitel ist aus und vorbei«, wehre ich ab. Bibi wird trotzdem Pollys Schokoladenkeks mit einem nur mir bekannten Geheimnamen für ihre Geburtstagsparty erhalten.

Diesen gewichtigen Keks pflegte damals Polly in den Achtzigern überallhin mitzubringen, wo sie und ihr Alfons eingeladen waren. Niemand sagte über sie: So ein schönes Paar. Sie waren einfach Polly und Alfons. Wie eine Couch und der Tisch dazu. Eine Einrichtung, die schon jahrelang bestens zusammenpaßt und funktioniert. Alfons hatte zwar immer diesen unzufriedenen Zug um die Mundwinkel. Na und, dachten wir, der hat wohl auch seine Problemchen, genügend Kohle fürs Eigenheim, für die Skiferien der Kids anzuschaffen. Hatte er auch, doch dazu noch eine Affäre. Mit der Nachbarin, Pollys bester Freundin. Und während Polly stetig ihren patenten und allerorts gerühmten Schokoladenkeks buk und ihn mit Alfons zusammen bei Elternabenden oder Nachbarschaftspicknicks anschleppte und fest glaubte, daß alles in Ordnung sei, führte Alfons ein aufregendes Doppelleben. Als sich Alfons am Muttertag unvermittelt weigerte, Pollys Keks sorgfältig auf dem Rücksitz des Familienkombis zu verstauen, um ihn an

meinem Muttertagsbrunch auszuteilen, weil er just an diesem Tag ein Haus weiter zu S. zu ziehen gedachte, flog das Komplott auf. Wir waren alle tüchtig geschockt und irgendwie erfreut. Endlich war etwas passiert. Polly krempelte übrigens nach dem Erdbeben in ihrem Reihenhaus ihr Leben völlig um und betreut heute Mäuse in einem Versuchslabor. Alfons? Keine Ahnung, was aus ihm geworden ist. Ich bin schon lange weggezogen aus dieser Welt, wo Frauen ahnungslos Kuchen backen und nicht wissen, welche Abgründe hinter einer Tasse Mehl und zwei Tassen Haselnüssen lauern. Hier in der Stadt treibt man es eher hinter dem modischeren Tiramisu.

Pollys Affärenkeks

Polly mußte für ihr Mitbringsel nicht einmal die Waage hervorholen sondern nur ihre große amerikanische Kaffeetasse. Schon deshalb, und nicht nur wegen der bittersüßen Pointe ist mir der Keks sehr ans Herz gewachsen. Sie schmolz dafür 200 Gramm dunkle Schokolade. Dazu schnippelte sie 100 Gramm Margarine, nehmen Sie doch diese Fettstäbe, wo auf dem Einwickelpapier praktischerweise eine Art Maßlineal aufgedruckt ist, in die langsam schmelzende, auf keinen Fall kochende Schokolade, goß alles in eine Rührschüssel um und mischte in die nur noch lauwarme Masse vier Eigelb und eine Tasse Zucker. Dann maß sie zwei Tassen Haselnüsse ab und rührte sie samt einem guten Schuß Kirsch dazu. Alles nochmals gut mischen und eine Tasse Milch, abwechselnd mit einer Tasse Mehl, der ein halbes Päckchen Backpulver beigemischt ist, einrühren. Zum Schluß die vier Eiweiß steif schlagen und mit einem Gummischaber und viel Gefühl darunterziehen. Der Teig soll nicht flüssig, sondern voluminös zäh fließen. Wenn er zu dick ist, noch etwas Milch oder Kirschwasser beigeben. In eine geräumige, gebutterte oder besser mit Backpapier ausgelegte Keksform – dann kippt der Keks todsicher, ohne zu kleben –, es darf auch eine andere Form sein, einfüllen und bei 180 Grad auf der ersten Rille etwa eine dreiviertel Stunde backen. Merke, liebe NachbackerInnen, bei Heißluft ist er schneller fertig. Auf jeden Fall sollten an einem eingepieksten Holzstäbchen noch lecker feuchte Krümel haften. Abknabbern empfohlen. Also lieber kürzer als (furz)trocken backen.

VON DER RADIOTORTE BIS ZUM AFFÄRENKEKS

Übrigens: Pollys Affärenkeks wird nach zwei Tagen Abschiebung in den Kühlschrank zwar etwas kompakter, dafür aber sündig schokoladig feuchter. Legen Sie ihn also in den Kühlschrank und lassen Sie ihm dafür die Zeit. Es lohnt sich.

Ich habe absichtlich bis zu dieser Seite keine Rezepte aus Omas Küche erwähnt. Aus lauter Trotz, denn mindestens hundertmal wurde mir von Familienseite telefonisch, ganz dringend, jedoch ungefragt mitgeteilt, daß Omas Radiotorte der Höhepunkt dieses Kapitels werden sollte.

Radiotorte heißt sie deshalb, weil Oma einst das Rezept im Radio hörte und eilig mitschrieb. Ich hatte mir immer etwas viel Aufregenderes darunter vorgestellt und war über diese Enthüllung sehr enttäuscht. Es handelt sich dabei um eine komplizierte Schokoladentorte, die so feucht wie ein Trüffelpraliné ist. Außen herum ist sie dazu noch mit einem zentimeterdicken Schokoladenbutterzuckerguß überzogen, den ich genauso wie Schokoladentrüffel hasse. Diese sortiere ich in einer geschenkten Pralinentüte jeweils geschickt zur Seite, um diejenigen mit Nougat, mit Marzipan und Baumnuß herauszufischen. Dabei muß man schnell sein, denn alle sind so höflich, genau meine Lieblingsstückchen wegzupicken, um dann zu sagen: »Hier, ich habe dir extra die Trüffel gelassen. Ist das nicht nett von mir?« Nein, danke.

Genau das hätten wir Oma in unseren Frühlingsferien im Tessin auch sagen sollen, als wir drei Enkelkinder töchterlicherseits über den Markt von Luino schlenderten und entzückt stehenblieben. Vor einem Gehege mit Küken, die hellgelb drollig durcheinanderwuselten. Oma lächelte milde, dann dachte sie kurz nach und fragte: »Soll ich euch diese Hühnchen kaufen? Dann habt ihr zu Hause immer genügend frische Eier.« Dachte sie vielleicht an die Landmanntorte mit den sechsundzwanzig Eiern oder eben ihre Radiotorte, für die man ebenfalls aberwitzig viele, absolut nestfrische Eier aufschlagen mußte? Weit gefehlt, sie wollte unsere Mutter einfach tüchtig ärgern. Erinnern Sie sich noch an ihren Aufschrei: »Meine Enkelkinder werden mich rächen!« Hier war eine Gelegenheit dazu.

Wir suchten uns also drei Küken aus, schmuggelten sie in unsere Pension, eine Jugendstilvilla mit riesengroßen Zimmern, und fuhren nach zwei weiteren Ferienwochen, in denen wir für unsere Hühnchen diskret im Garten Gras gesammelt und am Frühstückstisch Brötchen zerbröselt hatten, wieder gotthardwärts Richtung Winterthur. Als wir zu Hause die Autotüren öffneten, hüpften keine braungebrannten Kinder in die elterlichen Arme, sondern drei schon kräftig gewachsene Junghennen aus Omas Fiat und hielten im teuer bepflanzten Blumenbeet nach Käfern Ausschau. Meine Mutter kochte. Doch wir drei wollten von den Vögeln, die demnächst mit Eierlegen beginnen sollten, nicht lassen. Sie wurden in Frau Frohgemuts Bügelzimmer untergebracht, wo sie unter dem Tisch gackerten, während sie Hemden bügelte. Noch heute kann ich mich an jenen süßlichfedrigen Geruch erinnern, der an unserer Wäsche haften blieb. Bald begannen sie jedoch in Karolines Fesseln zu picken, wurden ausquartiert und an unseren Hühnermann übergeben. Jahrelang lieferte er uns jede Woche, schön getrennt von dem übrigen Dutzend, drei besonders große Eier, die, so versicherte er uns arglosen Kinderlein, von unseren erstaunlich legefreudigen Tessinerhühnern stammten. Ei, du schöne Illusion, dabei hat er ihnen bestimmt gleich am nächsten Tag die armen Hälse umgedreht und sie uns als Sonntagshuhn geliefert.

Wie schaffe ich jetzt bloß den Übergang zum Wunderkuchen? Ist dieses Buch nicht ein Leitfaden, Chaotisches beinahe mühelos zu machen? Voilà, schon geschafft. Probieren wir nun den in Vierzig-Minuten-eingekauften-gerührten-gebackenen-gemampften-Wunderkuchen aus:

Blöd, ausgerechnet jetzt habe ich überhaupt keine Lust, diesen Kuchen zu backen. Es ist nämlich kein Opfer in Sicht, das Geburtstag hat, ebensowenig flattert eine Einladung für eine Party ins Haus, mit dem Vermerk: Bitte Dessert mitbringen! Draußen ist es außerdem viel zu heiß, die paar wenigen Zutaten herzuschleppen, die man für einen Wunderkuchen braucht. Und ruht im Kühlschrank nicht noch ein riesiges Stück Kirschentschu – ja, der aus dem Kapitel »Am besten Reste«, aber à la Mode meiner Mère, das heißt hergestellt mit taufrischem Brot, begleitet von einem Berg Schlagrahm? Es ruft nach mir, ich höre es ganz deutlich. (Blättern Sie zum Thema »Backhemmung« inzwischen zum folgenden Kapitel »So ein Frust«.)

Drei Tage später, Samstag spätnachmittags:

Gleich werde ich eine kreative Pause einlegen, aufstehen und meinen Wunderkuchen backen. Es hat sich nämlich unsere Erbtante angesagt, und die muß mit etwas Süßem verköstigt werden. Kein Problem, der Wunderkuchen – ich fand das Urrezept in einem Rezeptmagazin, Rubrik Kochen für Kinder: Überrasche Deine Mutter mit diesem Blitzkuchen zum Muttertag, und sie schenkt Dir anderntags genau die Sneakers, die Du unbedingt haben mußt – ist ohne Aufwand zusammengerührt und macht trotzdem mächtig Eindruck. So ein angeblich kinderexklusiver Kuchen ist nämlich genau richtig für die Erwachsenenküche. Er ist tölpelsicher, die Zutaten sind rasendschnell aus dem Laden oder dem Eisschrank zusammengerafft, im Nu gebacken und noch schneller verputzt.

Wunderkuchen

Das Grundrezept für den Wunderkuchen bleibt immer gleich: Ein kleiner, ganzer Becher Naturjoghurt, ein dreiviertel Joghurtbecher neutrales Öl, zwei Eier, ein Spürchen Salz, ein Joghurtbecher Zucker, zwei Joghurtbecher Mehl, ein gehäufter Kaffeelöffel Backpulver. Bis hierhin bleibt der Wunderkuchen absolut die aus den Magazinseiten geklaute Variante.

Doch nun setzt unsere Phantasie, beziehungsweise die aktuelle Situation in Kühl- und Vorratsschrank ein. Gibt es da noch diesen angebrochenen Beutel Kokosflocken? Desgleichen mit gemahlenen Nüssen? Stoßen wir mit den Backenzähnen gerne auf Schokoladenstückchen? Werden wir von Mirabellen überschwemmt? Mögen wir es krümlighochprozentig?

Oder all das zusammen? Für meine Live-Variante habe ich mich für die schnapsige Nußvariation entschieden. Und im letzten Moment dagegen, die angebrochene Milchschokoladentafel zum reduzierten Preis auch noch hineinzustückeln. Man muß die Resteverwertung nicht übertreiben, auch wenn die nur schwer auszuhaltende Erbtante eintrifft.

So, ich stehe bereits vor dem Küchentisch und schare alles, was ich brauche, noch unabgemessen um mich:

Zuerst werden die zwei Eier in eine anständig große Schüssel aufgeschlagen, der Joghurt dazugekippt und im leeren Becher dreiviertel voll Öl abgemessen, dann alles kurz, aber temperamentvoll mit dem Schneebesen mixen, jetzt den Zucker (braunen, wenn's geht) in einer gleichgroßen Tasse wie der Joghurtbecher abmessen – ihn wieder aus dem ölbefilmten Becher zu kratzen, wäre zu zeitintensiv – und alles miteinander nochmals kräftig mischen. Wenn wir Richtung kokossig ode haselnussig backen wollen, muß die nächste Zutat, das Mehl, dementsprechend reduziert werden. Anyway, die Backpulvermenge bleibt, Profis plazieren auch noch einen viertel Kaffelöffel Backsoda hinein, um diese gewisse Feuchtigkeit vorzubluffen. Das müssen oder mußten Sie ja bereits für die Computercookies anschaffen.

Back to live: In meinen Wunderkuchenteig gebe ich eine Tasse gemahlene Nüsse und eine Tasse Mehl, die mit dem Backpulver vermischt wird, und zwei kräftige Flutscher Rum. Dann sollte die Masse zäh in eine vorbereitete – ich habe sie geölt und mit den gemahlenen Nüssen ausgestreut – runde Kuchenspringform, es darf auch alles andere, sogar Muffinsförmchen sein, gegossen werden. Haben Sie auch schon mal im Fernsehen diese Vulkanforscher gesehen, wie sie zwischen der Lava herumwaten? Nicht die ganz flüssige, direkt vom Kraterinneren überlaufende, sondern die, die sich weit unten zäh ins Meer wälzt. Genau so muß die perfekte Wunderkuchenrohmasse aussehen, bevor sie sich unter der Backofenhitze folgsam in die Höhe wölbt. Gebacken wird in der Ofenmitte, bei 200 Grad, gerade mal eine knappe halbe Stunde. Ein Holzstäbchen sollte dann wieder blitzsauber herausgezogen werden. Zuletzt nicht ganz abkühlen lassen, denn in diesem Zustand sind begangene Fauxpas nicht so schmeckbar. Außerdem hat es so was Verbotenes: »Kind, iß keinen warmen Kuchen, du verdirbst dir den Magen.« Ätsch, das ist uns heute doch wurst.

Ihren Wunderkuchen können Sie auch mit Schokoladenguß überziehen, Smarties darauf applizieren, erschreckend viele Kerzen darauf. Und fertig ist Ihr eigener Geburtstagskuchen. Denn sonst stehen Sie wieder ohne da. Als einzelne niedliche Muffins ist er traumhaft im Bett zu genießen. Mit einer Mischung aus dem darin schon vorhandenen Hochprozentigen gleichmäßig liebevoll beträufelt, haut er jede Damen- oder Herrenrunde vom Sessel. In einer niedrigen, runden Form gebacken, oben dicht mit Früchtchen belegt, wird er zum Bisquitfrüchtetraum. Und ganz simpel, dafür mit viel Puderzucker bestreut und noch lauwarm auf Omas kristallene Kuchenplatte drapiert, wird er in einigen Minuten unsere liebe Erbtante milde darauf vorbereiten, daß uns ihre heute mitgebrachte Türvorlage mit bellendem Schäferhündchen leider, leider nicht unbedingt gefällt. Was wir dann ganz verschwitzt haben, denn der Wunderkuchen, serviert im Garten, ließ uns alle in träumerische Sommerstimmung gleiten.

Eines muß ich noch klarstellen. Marie Antoinette hat diesen Ausspruch »Sollen sie doch Kuchen essen«, als die Bürger und Bürgerinnen von Paris nach Brot schreiend Versailles belagerten, in Realität gar nie getan. Es muß ihr Gatte, der demonarchisierte Bürger Capet gewesen sein. Marie war viel zu clever für so einen Schwachsinn. Wenn Sie die herzzerreißende Fernsehversion mit Jane Seymour gesehen haben, zweifeln Sie wie ich keine Sekunde daran. Aber schön ist der Satz doch und passend für dieses, hiermit abgebackene Kapitel.

So ein Frust

11. GANG

Meine kulinarischen Frustfavoriten

SO EIN FRUST

Falls Sie abrupt aus dem Kuchenkapitel hierhin geblättert haben, wissen Sie schon, wovon hier die Rede ist: Alltäglicher Frust und irgendwie keine Lust zu gar nichts. Und ausgerechnet das macht Höllenhunger. Doch, was tun, wenn man überhaupt keinen Mumm zu kochen hat? Klar, den Löffel hinschmeißen und Pizza essen gehen, ist auch eine völlig korrekte Lösung. Doch in meiner Chaos-Küche blubbern noch andere Möglichkeiten.

Da fällt mir jenes Erlebnis kürzlich vor dem Gemüsekühler im Supermarkt ein. Neben mir stand eine pummlige Mittvierzigerin und unterhielt sich mit dem Salat. »Scheiße«, sagte sie laut zu zwei in einen Plastikbeutel gestopften Zwerglattichen. »Ihr könnt mich mal!!« Ich war entzückt, in der Schweiz ist man so manierlich, daß alles schon zusammenzuckt, wenn jemand niest. Niemand hupt bei Verkehrschaos. Wenige kreischen laut, auch wenn der Nebenmann in der Tram einem auf die Sandalen tritt. Und mit Salat darf man schon gar nicht Konversation treiben. Ich trat näher an die Vitrine und an diese unscheinbare Frau mit dem unordentlich zusammengesteckten Dutt heran. Ich fühlte mich ihr verwandt, zumal ich aussah wie ihr Zwilling.

»Verdammt, was soll ich bloß kochen?« zischte sie jetzt die Beutel mit gekochten, ungeschälten Röstikartoffeln an. Da hatten wir's. Die große elementare, weibliche Frage, die sich jeden Tag spätestens ab halb fünf Uhr abends murmelnd durchs Land erhebt und um sechs Uhr zu einem Brausen angeschwollen ist. Hier vor dem Gemüse, hörte ich die passende und erst noch produktbezogene Antwort: »Ich habe überhaupt keine Lust zu kochen, ihr blöden Kartoffeln.«

»Ähem«, sagte ich zu ihr. »Dann gehen Sie doch einfach essen.« Sie schaute mich an und lachte höhnisch auf: »Essen gehen? Was glauben Sie, was mein Mann da sagen würde. Der kommt abends nach Hause und will das Essen auf den Tisch: Fleisch, zwei Beilagen, Salat. Jeden Abend.« Ich tat entsetzt, obwohl es bei mir ja grundsätzlich auch so ist. Will der Mann mich ausführen, meldet sich das jüngste Kind an und verlangt Mutters Spezialbraten. Oder, wie neulich, als ich den schon eingekauft hatte: »Ich esse übrigens nur noch vegetarisch. Da mußt du dir eben etwas einfallen lassen, damit ich doch komme.« (Er kam dann doch nicht, ich aber hatte mir schon zehn fleischlose Varianten ausgedacht und war geschafft, anschließend frustriert und zuletzt voller Schuldgefühle: Das arme Kind wollte mir die Arbeit eben nicht zumuten. Dabei ist es doch viel zu dünn. Das Kind ist zwar volljährig, ja und?)

Backflash an der Kühlvitrine, spätnachmittags, zwei Frauen, nachlässig gekleidet, betrachten einen Beutel mit gekochten Kartoffeln.

Dialog:

»Wie wär's denn mit Rösti, dazu diesen putzigen Zwergsalat an Fertigsauce, meinetwegen noch ein Kotelett für Ihren Giovanni. Aber kommen Sie ja nicht auf die Idee, die Kartoffeln zu schälen, dann geht's blitzschnell«, empfahl ich der Schimpfenden. Sie schaute mich an, als ob ich nicht bei Trost wäre.

»Mein Mann, der würde mir was husten. Kartoffeln nicht zu schälen, obwohl …« Sie lächelte voller Vorfreude, eilte davon, später sah ich sie

SO EIN FRUST

in fluchender Unterhaltung mit der Butter. Dann wurde sie vom Ladendetektiv abgeführt. Wegen Kochpflichtzersetzung. Ich habe sie angezeigt. So wird ihr heute abend das Essen in der Zelle serviert, und der garstige Mann verhungert derweil vor dem vollen Kühlschrank.

Es ist ja so, daß man als (Haus-)Frau jahrjährlich einkauft und kocht, ohne sich dabei viel zu denken, doch plötzlich ist Schluß. Es fällt einem nichts mehr ein. Dieses Stadium erreichte ich vor zwei Jahren. Als mein Jüngster zum erstenmal auszog. Der Abfütterungszyklus war beendet. Mein Einkaufshirn schaltete auf »off«. Was tun? Natürlich kann man auf »juhu, auswärts essen« umschalten, wie wir, aber als ich für die letzte Steuererklärung meine Mahlzeitenbelege aufrechnete, traf mich beinahe der Schlag. Und so mußte statt meines geplanten, literarisch bedeutenden Eigenheimromans sofort dieses Live-Kochbuch geschrieben werden.

Ich werte es allerdings als Heldinnentat, daß ich jahrzehntelang perfekt funktionierte. Gestern ging ich mit Jacques einkaufen. An der Kasse betrachtete er seufzend den Inhalt seines Einkaufswagen. Alles bio, fleischlos und erstaunlich einfallsreich. Trotzdem stöhnte er: »Ich kaufe immer das gleiche ein. Mir fällt einfach nichts anderes ein.« Ich fragte ihn, was denn sein gleichaltriger Mitbewohner einkaufe und koche. »Pah, der hebt den Hörer ab und ruft den Pizzaservice an.« Sagte mein Sohn und schaufelte das Eingekaufte in eine Tragtüte. Ich wollte ihm noch einen Schokoladenriegel entreißen, hatte aber Pech. »Siehst du«, sagte ich, als er sich mit seiner gefüllten Einkaufstasche verabschiedete, während ich selber zu nichts gekommen war, da ich ihn beraten mußte. »Jetzt weißt du, wie sich deine arme Mutter abrackerte, mir mußte einfach immer etwas Eßbares einfallen.« Als *Litk* – little income two kids – konnte ich mir eine Pizzadiät während langer Jahre leider nicht leisten. Mein Sohn und sein Wohnungspartner, beide *Nisk* – nice income, still kids –, können nach nur zwei Jahren Einkaufsfron jederzeit auf sie zurückgreifen. Ist das nun ungerecht oder einfach Fortschritt?

MEINE KULINARISCHEN FRUSTFAVORITEN

Gerade, wenn man solche Gedanken wälzen muß, ist eine kleine Erheiterung nicht unangebracht. Eine Frivolität in Zeiten des Seelenmankos. Sozusagen eine hübsche kulinarische Schweinerei, die einem schon während der Zubereitung in andere Sphären entführt. Zum Beispiel:

Der beschwipste Whiskeycake

Er besitzt kurz gesagt drei Schwerpunkte: Die richtige Verarbeitung der Zutaten, das Auslecken der Schüssel, das wiederholte Hineinbeißen in himmlisch besoffene Kuchenstücke.

Dieser Cake stammt von der amerikanischen Ostküste und wird deshalb in diesen großen Kaffeetassen abgewogen. Aber das ist ja bei all meinen Kuchenrezepten der Fall. Waagen können irren, Tassen nie. Gerade bei diesem Cake, wo man mit fortlaufender Zubereitung gewisse Sehstörungen entwickelt, ist das wichtig zu wissen. An Werkzeug muß man zusätzlich zwei Schüsseln, den Mixer, einen Teigschaber und eine geräumige Cakeform bereitstellen. Und natürlich die Zutaten. An vorderster Linie eine mindestens noch halbvolle Flasche Whiskey. Marke egal. In die erste Schüssel gibt man zweieinviertel Tassen Mehl, einen halben Teelöffel Backpulver, einen dreiviertel Teelöffel Backsoda, zwei Prisen Salz, mischen. Beiseitestellen. In der anderen Schüssel wird eine dreiviertel Tasse weicher Butter oder teilweise Margarine mit einer Tasse braunem Zucker und einem Tütchen Vanillezucker schaumig gemixt, vier Eier nacheinander beigeben, sehr gut schaumig aufschlagen.

Bis jetzt ist dies bloß ein ödes Rezept, das man pflichtbewußt nachbackt, während man sich über den Aufwand und das ewige Herumrühren grämt. Doch nun messen Sie eine halbe großzügige Tasse Whiskey ab. Gießen Sie diese abwechselnd mit einer halben Tasse Buttermilch und der Mehlmischung zu der Butterzuckereiermischung. Immer wieder fleißig probieren.

Als ich diesen Cake testen wollte, war ich höllisch schlechter Laune. Sie erinnern sich an die Szene im Supermarkt. Und wie mir danach aufging, daß ich zwar keinen faulen Ehemann mehr hatte, aber auch niemanden, der sich bei uns um das Handling der Küche reißt. Diese miese Stimmung änderte sich aber sehr schnell beim Ablecken der Mixstäbe, dem regelmäßigen Nippen an der Whiskeytasse und verwandelte sich nach dem gründlichen Ausschlecken der Teigschüssel, in der ein großzügiger Rest

SO EIN FRUST

verblieben war, in eine echte Kücheneuphorie. Alles war wieder gut, und daß die Tasse gehackter Baumnüsse, die fünf Minuten nach Einschieben in das unteren Ofendrittel noch hübsch obenauf gestreut werden sollte, überallhin regnete, war mir doch egal. Die 45 Minuten Backzeit ernüchterten mich allerdings ein wenig.

Jedoch die Flasche auf dem Küchentisch mußte noch präsent bleiben. Nachdem der Cake 45 Minuten bei knapp 200 Grad goldgelb gebacken war – Stäbchentest: Nichts darf mehr daran kleben –, zog ich ein Pfännchen hervor, goß nochmals eine halbe Tasse Whiskey hinein, dazu zwei Eßlöffel Butter, eine halbe Tasse Zucker und kochte den bernsteinfarbenen Träufelguß etwas ein. Warnung: Kopf hoch beim Rühren. Ich inhalierte nämlich tief, einfach weil's so gut roch, hob ab und hätte in der Folge verträumt lächelnd beinahe den Guß weggelöffelt, bevor er auf den in der Form verbliebenen, halb abgekühlten Kuchen verteilt werden konnte. Das Anschneiden war dann eine reine Formsache: Meine eintreffenden Mitkoster waren voll des Lobes, ich auch. Voll mit Southern Comfort.

Und das Schönste: die gute Stimmung hält an, denn der Cake ist riesengroß, man kann im Vorübergehen immer wieder einige abgestürzte, wunderbar karamelisierte Nußstücke naschen. Und mit jedem hochprozentig triefenden Stück setzt er einem die rosarote Brille auf. So daß etwaiges Chaos in Küche, Wohnung, Beruf, Liebe nur noch verklärt, statt katastrophal erscheint.

Weiter nun zum frustrationsverscheuchenden Schrei:

Maaama, Paaasta!!!

Zwar ruft in der Reklame Mama Miracoli die Bambini zur Pasta und steht dann fröhlich neben den kleckernden Kindern, statt selber zu schlemmen. (Auch wenn Sie's nicht glauben, die Miracoli-Instantspaghetti sind gar nicht schlecht, aber natürlich nicht zu vergleichen mit dem, was jetzt gekocht wird.) Wir aber kochen diesmal nicht für Gören, die uns nerven, sondern zaubern uns selber ein Lächeln aufs tomatenverzierte Gesicht.

Schon gestern abend, als ich beschloß, auf Diät zu gehen, stiegen sie hochrot vor meinen Augen auf. Spaghettini al Pomodoro. A la Pia.

MEINE KULINARISCHEN FRUSTFAVORITEN

Einer guten Freundin, mindestens ein Viertel Italienerin, wie sie betont, die mich zwar selten, aber dann immer zu dem einen bittet: Spaghettini an einer frisch geköchelten Tomatensauce, mit happigen Knoblauchzehen und sperrigem Rosmarin. »Es gibt Momente im Leben, da können nur sie allein aus einer tiefen Frustration retten«, pflegt Pia zu sagen. »Pasta ist einfach ein Zauberwort. Schon das Wort ganz langsam laut auszusprechen macht ein wenig satt und zufrieden.«

Paaasta!!!

Als mir Pia einmal ein Paket Pasta statt Blumen oder Wein mitbrachte, schaute ich schon etwas kariert. Dabei waren es gute italienische Markenpasta und eine Ehre, die sie mir damit erwies. Von da an machte es mir Spaß, in allen Läden die Gestelle nach besonders interessant aussehenden Spaghetti und, als höhere Schwierigkeitsstufe, nach den feineren Spaghettini Ausschau zu halten. Sie sollten in einer Kartonschachtel daherkommen, weil eine mit farbigen Italobildchen und Anweisungen in zehn Sprachen bedruckte Schachtel schon beim Aufmachen die Stimmung ein Prischen hebt. Da sind Pia und ich uns einig. Die Sauce zur Nudel allerdings ist keine üppige Sache, sondern überaus simpel und gerade deshalb passend für trübe Minuten. Sie kann mittags, nach schleichenden Vormittagsstunden, abends, nach einem ereignislosen Tag, nach langweiligen Sessions vor der Glotze, mitten im verzweifelten Blättern in einem blöden Buch, statt der dumpfen Diät, spontan zusammengeköchelt werden. Man braucht, um maximal zwei Personen aufheitern zu können:

Pias Soulpasta

Eine gehackte Zwiebel, langsam in (Oliven-)Öl gegoldet. Eine mittlere Dose geschälte Tomaten wird vorsichtig (es spritzt!) hinzugegossen, dann direkt über der Pfanne ein bis zwei große Knoblauchzehen grob hineinschneiden, zwei Finger voll getrockneter ganzer Rosmarin und, wenn vorhanden, ein Schuß Rotwein, ein Kaffeelöffel Gemüseinstantbrühe, nicht zu zimperlich schwarzen Pfeffer und eine Prise

SO EIN FRUST

Zucker hinzufügen. Dann umrühren, köcheln lassen, aber bewachen, die Chose blubbert wie ein tätiger Vulkan.

Jetzt darf man sich immer noch leid tun, weil der Herd sich trotz der Aufpasserei und teilweisen Abdeckerei rötet. Doch der Anblick des daneben sich erhitzenden großen Topfes mit gesalzenem Wasser und einem Schüßchen Öl, der auf die Spaghettini wartet, beruhigt schon mächtig. Die Pasta wird ins wild brodelnde Wasser gestellt – ich nehme immer erst nur dreiviertel einer Packung, schmeiße dann doch den Rest auch noch hinein, fragen Sie mich also nicht, wieviel – und sanft hinuntergebogen, dann hin und wieder umgerührt.

Stichwort Garpunkt: Wenn ich sie so richtig knackig lasse, steigen in mir Erinnerungen an dieses kleine Zürcher Spaghettilokal auf, wo man dicht auf dicht sitzt, die Kellner sich zwischen den Stühlen quetschen, die Küche mikroklein ist und die genau auf Biß in riesigen Töpfen gekochten, in Windeseile servierten Spaghetti wundersam gut schmecken. So daß man nach dem Entfernen des Tomatenschnauzers richtig aufgepeppt in den hinteren Teil des Lokals stürmen kann, wo sich ein Minikino versteckt, das den im Multiplex verpaßten Woody-Allen-Film Gott sei Dank noch zeigt.

Koche ich sie hingegen beinahe weich, verbreiten sie Seelenwärme und beruhigen. Sie werden abgegossen, ja nicht mit kaltem Wasser verschreckt, wieder in den Topf gebändigt und mit einem Schüßchen Öl entklebt. Mittlerweile duftet es aus dem Saucenpfännchen herzerwärmend gut. Vielleicht noch etwas Salz, etwas Pfeffer? Etwas Tomatenmark zum Andicken? Meinetwegen. Basta. Ob die Sauce direkt über alle Pasta geleert und so im Ganzen aufgetragen oder jede Portion extra mit einem schönen Wipfel Tomatensauce und einem Flocken Butter gekrönt wird, ist Ansichtssache. Auch, ob noch Parmesan nötig ist. Ich bevorzuge die Individuallösung. Sie steht nur für mich alleine vor mir und kann überallhin getragen werden.

Attenzione, amici: Es müssen Spaghetti(ni) sein; Rigatoni, Maccaroni, Farfalle, Penne oder andere Pastalebensformen gelten und trö-

MEINE KULINARISCHEN FRUSTFAVORITEN

sten nicht. Dies bittet Pia mich, Ihnen mitzuteilen. Es stimmt, wir haben es unzählige Male in trüben Tagen getestet.

»Hühnersuppe für die Seele« nennt sich ein Psychobuch und behauptet doch allen Ernstes, mit Wort und Schrift das tun zu können, was nur die Hühnersuppe jeder jiddischen Mamme vollbringen kann. Daß ich nicht jammere! Nur der echte Topf, in dem ein Huhn zwischen Gemüsestücken vor sich hin dümpelt, kann jede Krankheit heilen. Na ja, fast jede, ich denke da an gebrochene Herzen, triefende Nasen, den Cityblues, Platteslandterror, Agglomerationslähmung. Also Wehwehchen, die mehr als nur einen kurzen Augenblick dauern. Fast echte Krankheiten eben, die man in langen Telefongesprächen der Verwandtschaft mitteilen kann. Meine Mutter hob jeweils den Hörer ab, um dies zu tun, wenn sie nach mehrmaligem gewissenhaftem Messen endlich 37 Grad erreichte. Diagnose: Schwerkrank. Und trotzdem so fit, um sich in die Küche zu schleppen und eine Hühnersuppe nach Omas Rezept zu kochen.

Hühnersuppe für die Seele

Wenn Sie ein besonders zartes Suppenhuhn wünschen, das bereitwillig vom Knochen flutscht, dürfen Sie es erst ins Wasser geben, wenn es schon feste kocht. Riet meine Oma meiner Mutter, die mir und ich Ihnen. Um aber abzumessen, ob genug Wasser im Topf ist, gießen Sie etwa anderthalb Liter Wasser hinein und hängen das Huhn, am besten ein dickes Freilandmodell, an den Beinen probeweise ins noch kalte Wasser hinein. Wenn das Wasser jetzt überschwappt, gut! Schlecht, wenn das beim Kochen passiert. Das Huhn wird beiseitegelegt, um es zu häuten. Oder mögen Sie eine dicke Fettdecke, die sich auf die erkaltete Suppe legt? Vorher geben Sie noch all das, was im Gemüsefach Ihres Kühlschrankes ungebraucht vor sich hin schrumpelt, in den Topf. Karotten, Sellerie, Zwiebeln samt Schale wegen der Farbe, Lauchstengel. Es muß keine perfekte Mischung sein, nehmen Sie, was da ist oder schnell im Laden um die Ecke gekauft werden kann. Zuletzt ein Löffel Gemüsebouillon oder Kräutersalz. Brodel, brodel, das Huhn, wie gesagt, zuletzt. Alles genau eine Stunde sanft

SO EIN FRUST

blubbern lassen. Anreichern in den letzten Minuten mit einer Handvoll Reis oder breiten Nudeln. Fix und fertig für viele kurierende Mahlzeiten.

Merkwürdig, daß ich hier ins Frustrationskapitel ausgerechnet Omas Hühnersuppe plaziere. Oma war nämlich überhaupt nicht der Meinung, daß eine miese Stimmung durch Nahrung aufgeheitert werden könnte. Nein, Oma hielt es mit der Bildung. Als ich ein Teenager war, plante sie eine Englandkulturreise, zu der sie Helene und mich einlud. Vorher mußten wir bei ihr einmal die Woche Englischstunden nehmen und mit ihr im Chor wichtige Sätze wie »Sä potätos ar tuu hott« oder »Wär ar sä toilets« richtig aussprechen lernen. Mafalda war vom Unterricht befreit, sie durfte das übliche Reisepicknick planen und linksfahren üben. Nach einer Anreise quer durch Frankreich, die mir nur durch das Aufdenkopffallen einer Vorhangstange in einem schäbigen Hotel in Reims in Erinnerung blieb, verluden wir den Fiat in Calais auf eine fürchterlich schlingernde Fähre. Als wir wieder festen Boden unter den Rädern hatten, fühlte Mafalda sich so jämmerlich, daß sie dauernd die Straßenkreisel als Geisterfahrerin befuhr. Wir kreischten, Oma griff sich ans Herz, aber wir kamen heil in Bournemouth an.

Dort angelte sich Helene gleich den schönen John, samt Cabrio und Bluthund, und ich war deshalb dauerbeleidigt. Diese Woche war jedoch bloß die Vorbereitung auf London. »Wir werden diese interessante Stadt nun in genau drei Tagen besichtigen«, ordnete Oma an. Und gab uns gleich ihre Devise durch. »Auch der Magen kann einmal ausruhen, wenn der Geist Nahrung bekommt.« Helene, die sich nach ihrem John sehnte, und ich, die keinen gehabt hatte, sahen uns grimmig an und beschlossen zu streiken. Keine Chance bei Omas Regiment: Nach dem Frühstück erhielten wir vormittags und nachmittags eine Orange, dazwischen besichtigten wir London komplett. Oma war es egal, wenn wir mit sauren Mienen in die National Gallery trotteten. Es gab kein Candy, kein Eis, um uns Madame Tussaud, die Kronjuwelen im Tower oder die Wachablösung vor dem Buckingham Palace zu versüßen, nur diese zwei Orangen pro Tag. Und abends Steak-and-Kidney-Pie mit grasgrünen Erbsen. Wetten, daß ich noch heute mehr von England weiß als jede Englischprofessorin?

»Sä tschoklät must be wery hot«

Wenn es für ihre Enkelkinder nichts zu lernen gab, nahm es Oma aber für einmal nicht so streng mit dem Motto »Bildung statt Bubblegum« und war mir eine begabte Seelenverwöhnerin. Und dabei die ungekrönte Königin der heißen Schokolade. Falls Sie zu frustriert sind, Pasta oder Hühnersuppe zu kochen, könnte auch Omas Schokolade Sie köstlich entfrusten. Sie hatte ja immer einen ganzen Stapel dunkler Schokolade im Schrank. Davon brach sie zwei dicke Stücke ab, tat sie in ein Teeglas, brachte Milch zum Kochen und goß sie wirklich siedendheiß über die Schokolade. Dann wartete sie einen Moment, bis oben kleine Sprenkel erschienen, und begann die schmelzende Schokoladenmasse von ganz unten zart hinaufzurühren. Schließlich reichte sie mir das Glas, und ich trank abwechselnd die immer intensiver werdende Schokoladenmilch oder holte vom Glasgrund kleine Berge flüssiger Schokolade herauf. Deshalb natürlich ein Glas statt einer Tasse. So konnte ich seitwärts genau beobachten, ob unten noch genügend süße Ablagerungen blieben, die ich aus dem leeren Glas ganz zuletzt herauslöffelte.

Noch heute ist Omas *Hot Tschoklät* für mich der schnellste Seelenwärmer. Danach gibt es für mich nichts anderes mehr zu tun, als mich ins Bett zu hauen und in bessere Tage zu träumen. Die kommen übrigens immer, auch wenn man's jedesmal einfach nicht glauben mag.

12. GANG Liebeslust

Rezepte für Heiratsanträge –
und das Gegenteil

LIEBESLUST

In meiner Laufbahn als tüchtiges Flittchen am Herd habe ich schon viele Bewerber bekocht. Zu viele, denn einige zeigten sich der Ehre nicht gewachsen und machten sich bald nach dem Schmaus aus dem Staub. Generell läßt sich nicht voraussagen, welches Menü mit welchem Resultat gekrönt sein wird. Saftiger Sex oder tote Hose. Aber es kann Ihnen nicht schaden, mit mir einige pikante Erfahrungen Revue passieren zu lassen.

Es war in der ersten Klasse, und ich saß genau schräg vor Ulrich. Er hatte einen Haarschnitt, der akkurat wie ein Milchkesseldeckel über seinen Augenbrauen saß, und das frechste Lachen unter den Buben. Er war umschwärmt von allen Mädchen der Klasse. Manchmal war Bärbeli, manchmal das Margritli seine Favoritin. Aber nie ich. Es könnte daran gelegen haben, daß ich über meinen hübschen Kleidern nie eine Schürze trug und beim ersten Frühlingslüftchen statt billiger weißer Helanca-Kniestrümpfe immer noch warme, feingestrickte Strumpfhosen anziehen mußte. Kurz, ich war eine Außenseiterin. Und mußte mir deshalb etwas Besonderes einfallen lassen, um Ulrich zu becircen. Ich lud ihn zum Eisessen in ein Geheimversteck ein. Ulrich war beeindruckt und versprach, Punkt halb drei am freien Mittwochnachmittag bei uns zu Hause zu läuten.

Tagelang war ich vor Aufregung über die Zusage, die ich natürlich vor meinen beiden Freundinnen geheimhielt, total aus dem Häuschen und zählte die Minuten, bis es endlich Mittwoch nachmittag um halb zwei war. Dann lief ich den ganzen Weg von unserem Haus in der Vorstadt zum Delikatessengeschäft im Zentrum zu Fuß, kaufte dort eine Familienpackung Vanilleerdbeereis, ließ, da ich nicht so viel Geld hatte, anschreiben und rannte, das kostbare in Zeitungspapier gewickelte Paket, weit weg vor mich her haltend, nach Hause. Es tropfte schon klebrig rosagelb, als ich keuchend zum Seiteneingang hineinhuschte, den kalten Block auspackte, ihn auf einen Teller legte, noch ein wenig die Kartonverpackung ausschleckte. Klingeling. Ulrich war da. Er war beeindruckt, als ich ihn in den spinnwebenverhangenen Estrich, vorbei an einem Wespennest im Gebälk zu einem mit Backsteinen verschlossenen Winkel führte, den ich mit Kissen und Decken ausstaffiert hatte. Während er sich bedächtig erst durch den Erdbeerteil, dann durch die Vanilleseite aß, deutete ich an, daß hier in den Wänden unseres alten Hauses möglicherweise ein Schatz läge, zu dem ich Pläne beschaffen könnte. Ulrich war wieder beeindruckt. Und ich frohlockte. Doch am nächsten Tag schob er dem Margritli einen Zettel zu, auf dem stand: »Ich habe Dich …«. Sie willigte ein. Noch heute ist Vanilleerdbeer der Geschmack des Verrats. Haben Sie auch so einen kleinen, kulinarischen Giftstachel, mit dem Sie sich masochistisch pieksen könnten? Überlegen Sie doch mal, bevor Sie zusehen, wie ich gefüllte Kalbsbrust mit Gianni esse.

Bei einer solchen erhielt ich nämlich meinen einzigen, absolut ohne Zögern geäußerten und zunächst ernstgemeinten Heiratsantrag. Vor genau dreizehn Jahren. Und das von einem bis zum ersten Bissen schon ziemlich abgekühlten Geliebten. Für diese Kalbsbrust würde er mich trotz kreischender Scheidungswaisen, bellender Hunde, kratzender Katzen und fehlender Mitgift auf der Stelle heiraten. Sagte er und blickte schwärmerisch nicht mich, sondern den Teller an, auf dem eine Riesenscheibe duftender Kalbsbrust lag. Ich war geschmeichelt, hoch oben im vierten Stock, am Küchentisch unserer Neubauwohnung. Unter uns wohnte Kazuko, die für ihren Yoshi spätabends noch Sushi rollen mußte, im Nebengebäude Rosi, Ehefrau von Robi, der jede Nacht wollte. Am nächsten Nachmittag, an dem die Kinder in der Schule waren und wir beim Kaffee auf dem Balkon saßen, erzählte ich von diesem Antrag. Beide waren froh, daß ich nein gesagt hatte. Zwar sei der Gianni ein Fescher, doch es sei eben typisch Mann, daß man ihnen immer etwas präsentieren müsse, um Anerkennung zu erhalten. Und das hätte eine glücklich Geschiedene wie ich doch nicht mehr nötig. Ich seufzte und war da gar nicht so sicher. Lange Zeit briet ich keine Kalbsbrust mehr, weil ich die Erinnerung an meinen Antrag wie einen Schatz bewahren wollte. Kochen und lieben machen eben abergläubisch.

Die Heiratsantragskalbsbrust

Das braucht man dazu: Eine Metzgerin, die folgendes sowieso kann. Oder einen verständnisvollen Metzger, der in eine mindestens ein Kilo wiegende Kalbsbrust eine geräumige Tasche schneidet und am besten schon die Naht so lose anlegt, daß man nach dem Füllen nur noch zuziehen muß. Erstaunlicherweise können Metzger das, obwohl sie zu Hause bestimmt nie Nadel und Faden anrühren. Zur klassischen Füllung benötigt man drei weiße Brötchen oder genau soviel altbackenes, weißes Brot, das in genügend warmer Milch, gemixt mit zwei Eiern, erst einmal gut eingeweicht wird. Währenddessen hackt man etwa 150 Gramm magere Schinkenscheiben in Würfelchen, schnippelt einen Bund Petersilie und dämpft eine große Zwiebel in etwas Butter goldgelb an. Jetzt kann die Brotmasse mit einem Schneebesen flott zerrührt und mit den anderen Zutaten noch besser vermischt werden. Salzen und pfeffern und zuletzt ein bescheidenes Schüßchen Cognac hinzugeben. Basta. Bitte probieren Sie vorher, die Füllung sollte einen lieblichen, aber diskreten Geschmack haben. Sie wird hineingelöffelt, dann verflucht und zugenäht. Schließlich den Braten beidseitig zärtlich mit Senf, dem man Salz, Pfeffer und Paprika beigemischt hat, einreiben und in eine ovale Glasofenform legen. Zum Schluß mit Apfelsaft, Weißwein oder auch etwas Bouillon umspülen, aber bitte nicht davonschwimmen lassen. Bei etwa 200 Grad eine Stunde schön garen lassen, umdrehen, bei Bedarf neue Flüssigkeit nachgießen, zum Schluß die schönere Seite nochmals kroß bräunen lassen. Insgesamt ca. zweieinhalb Stunden; das Fleisch muß richtig weich sein, was durch probeweises Anpicksen mit einer Gabel getestet werden kann. Auch ein klein wenig Anschnippeln und Vorkosten ist gestattet.

Vor dem Anschneiden etwas ruhen lassen, obwohl man sich nicht mehr beherrschen kann und sich danach sehnt, mit einem Triumphschrei die perfekt geratene Füllung ans Tageslicht zu befördern. Dieser Braten schmeckt mit warmem Kartoffelsalat, dem ich im Kapitel »Picknick« einen (Kräuter-)Kranz gewunden habe, und aufgewärmt erstaunlicherweise noch viel besser.

Kürzlich habe ich eine ultramodern kreative Füllung ausprobiert, die fantastisch war. Kreativ deshalb, weil ich nicht widerstehen kann, wenn ich das perfekte Stück Kalbsbrust erspähe, manchmal aber dann doch vergesse, die Füllungszutaten einzukaufen. So galt es, im Kühlschrank Vorhandenes zu mixen. Dafür wird ein Becher Ricotta mit reichlich Reibekäse und zwei Eiern gut angerührt, bis eine homogene Masse entsteht. Dann einfach ein Beutel schon fixfertiges Chinagemüse untergemischt. Mit Sojasauce und etwas Sesamöl würzen. Einfüllen. Genau wie vorhin braten. Mit Basmatireis servieren. Seit ich Gianni, dem Verflossenen, ausführlichst davon erzählte, bettelt er um eine Wiederaufführung in meiner Küche, doch ich bleibe hart. Probieren Sie nun einfach Ihre ganz persönliche Füllung aus und angeln sich damit, wen Sie wollen. Denn bei diesem Mahl schmilzt jeder männliche oder weibliche Eisberg garantiert.

Wir Menschen glauben immer noch, daß die Liebe durch den Magen geht. Beziehungsweise wir meinen, daß sie dort entsteht, kaum haben wir ihm etwas Köstliches zugeführt. Männer allerdings tendieren eher dazu, ihre Angebeteten in ein besonders interessantes Restaurant zu führen. Merke: Wahre Liebe ist dann eingetreten, wenn sie auch nach abgeebbter Euphorie immer noch nicht müde werden, neue Lokale aufzuspüren. Einige Mannsbilder schwingen den Kochlöffel zwecks Verführung gleich selber. Ich darf nicht verheimlichen, daß Gianni mich einst mit einem Topf Spaghetti Boscaiola im Sturm eroberte und muß ihn bei Gelegenheit um dieses Rezept bitten.

Aber eigentlich wollte ich Sie auf die typisch weibliche Eigenart hinweisen, sich für den Mann förmlich totzukochen. Alle Kochlöffel in die Liebes- und Küchenschlacht zu werfen, auch wenn das Gegenüber ein, wie einem schon schwant, völlig ungeeignetes Objekt ist. So wie Tom. Sehr verheiratet, fünf Kinder und aus der Werbebranche. Und deshalb mit vielen tollen Models auf du und du. So einem konnte ich natürlich nicht mit Hackfleisch und Nudeln imponieren. Es mußte etwas Exotisches sein. Etwas, das ihn stracks an weiße Strände und in meine Arme entführte. So buchte ich bei einer Bekannten erst einmal einen Thaifoodkochkurs und mußte fünfmal hin, bis sie das, wie mir schien, geeignete Rezept vorstellte: Zartgeköchelte Hühnerbruststücke in einer zitronig erfrischenden Suppe, bestreut mit betörend duftendem frischen Koriander, und dies auch noch Tom Kha genannt. Wie passend, freute ich mich. Das Liebesdîner plante ich auf einen lauschigen Sommerabend, spendierte meinen Söhnen einen ausgedehnten Stadtausgang und kaufte im Thaifoodladen vis-à-vis ein. Allerdings kam ich nicht nur mit den eßbaren Leckereien beladen heim, sondern auch noch mit einem kompletten, handbemalten Service für zwei.

Wir alle wissen, was es bedeutet, auf die kommende Stunde zu fiebern, dafür pünktlich zu kochen, sich nebenbei noch in eine Schönheit zu verwandeln, zum Aperitif treffsicher Champagner einzuschenken, schließlich ohne zu kleckern zu essen und dabei bedeutungsvolle Konversation zu machen. Es ist mir peinlich, aber ich denke nun schon seit Tagen vergeblich darüber nach, was mit zweimal Tom und einmal Kha an jenem Abend genau passiert ist. Ich war wohl vom Champagner so beschwipst, daß ich vom Essen an sich keine Ahnung mehr habe. Nur noch, daß Tom allzufrüh seufzte: »Ich muß jetzt nach Hause, aber du kannst dir vorstellen, wo ich jetzt lieber wäre«. Ich schöpfte Hoffnung, doch als Tom verschollen blieb, wußte ich, daß er nicht mein schönes Heim gemeint hatte. Merke: Wer nicht will, der/die hat eben schon und ist ganz froh darüber. Da nützt die tollste Kocherei nichts. Um meinen ersten Abstecher in Thaifood vom Makel des Mißerfolges zu befreien, servierte ich es neulich Mann und Kind. Gut, ich gebe zu, der Reis war ein wenig angebrannt, aber daß die beiden sich schräg anschauten, dann aufstanden und in der Küche verschwanden, fand ich verdächtig. Ich gebe nicht auf, habe allerdings ein neues Rezept erhalten, von Mariella, die damit ihren Liebsten erobert und auch behalten hat:

Mariellas gefühlsverstärkendes Tom Kha

Für zwei rechnet man vier Hühnerbrüstchen, eine Schachtel brauner Champignons, eine mittlere Dose Kokosmilch, einige Stengel Zitronengras, einen Büschel Koriander, frische grüne Currypaste, zwei Limonen. All diese Zutaten gibt's in asiatischen Spezialitätenläden oder in einem gut sortierten Supermarkt. Tut mir leid, aber hier kann nichts weggelassen werden, denn erst die genannte Kombination ergibt den typisch berauschenden Thaigeschmack. Die Zubereitung ist einfach: Das Fleisch in große Würfel schneiden, sanft anbraten. In einem Kochtopf die Kokosmilch langsam zum Köcheln bringen, das Fleisch hineingeben, dazu Limonensaft, das in Stückchen geschnippelte Zitronengras. Zum Schluß wird ein Stückchen Currypaste und eine Prise Salz mit etwas Sauce an- und eingerührt. Probieren – vertragen Sie es schärfer, bitte nur zu. Sehr reichlich mit gehacktem Koriander bestreuen. Mit Basmatireis servieren. Und sich davontragen lassen ins unvergleichlich sinnlich zitronigpikante Reich der Thaifoodfreuden.

Wer nicht je Kind, Küche *und* Mann kombinieren mußte, weiß nicht, wie brenzlig solche Situationen sein können. Meine Jungs spezialisierten sich nämlich darauf, ungeliebte Bewerber schon während der ersten gemeinsamen Mahlzeit zu vergraulen. Manchmal gaben sie

kein einziges Wort von sich, obwohl der Mitesser sich betont kinderfreundlich gab, und beschränkten sich darauf, ihn anzustarren. Sie schleppten unerwartet andere Kinder an, die man dann nicht unbarmherzig fortschicken konnte, weil man kein Geheul riskieren wollte. Ich muß allerdings zugeben, sie hatten durchwegs den besseren Riecher als ich und merkten sogleich, wenn der Mann am Tisch ungenießbar war. Als ich den (immer noch) Richtigen kennenlernte, war das gemeinsame Zutischsitzen die Stunde der Wahrheit. Ich zögerte sie hinaus und studierte an einem Menü herum, das alle Anwesenden so beeindrucken würde, daß sie einfach essen würden. Sonst gar nichts.

Ich kaufte eine gigantische Lachsforelle, füllte sie mit Sojasprossen, garte sie in Weißwein. Servierte dazu eine selbstgemachte Sauerrahmdillsauce und Baked Potatoes. Was soll ich erzählen! Meine Söhne und der Bewerber verstanden sich auf Anhieb. Er nahm es ihnen nicht übel, daß sie ihn trotz vorheriger Drohungen ins Kreuzverhör nahmen: »Was hast du für eine politische Richtung?« Ausgerechnet Bananen, wo doch die beiden außer Skateboards und Flugsimulatoren sonst nichts im Kopf hatten. »Verfolgst du mit unserer Mutter ernste Absichten?« Diese Frage war jeweils der genau kalkulierte Höhepunkt früherer Essen mit Mann gewesen und hatte zu roten Köpfen und viel Gehüstel geführt. Doch genau diese kitzlige Frage parierte mein Liebster mit der Antwort, die vor allem ich hören wollte. Als alle drei das Essen ausführlich lobten und anschließend noch drei Stunden gemeinsam Aliens am Computer jagten, wußte ich, die Sache ist geritzt. Später gestand mir mein Schatz, daß er sich vor Fisch mit Gräten eigentlich eher grause, aber dies nie gezeigt hätte, da dies doch sein Antrittsdinner in der Familie gewesen sei. Meinetwegen können Sie bei nächster Gelegenheit die folgende Forelle präsentieren, doch wenn es nicht der/die Richtige ist, bleibt sie ein ganz gewöhnlicher Fisch. Schmecken tut sie trotzdem:

Der Bewerber und die Forelle: Getestet und für gut befunden

Kaufen Sie eine schöne große Lachsforelle. Sie wird innen mit reichlich frischen Sojasprossen, einigen Büschelchen Dill und etwas Butterflöckchen ausgelegt und wieder zugeklappt. Den Rest der Sprossen und des Dills legen Sie in eine ovale Glasform, die Forelle sorgfältig darauf. Gießen Sie mit Weißwein an, bis das Grünzeug, nicht aber der Fisch darin untergeht. Mit einer Alufolie gut abdecken und im Ofen bei 220 Grad etwa eine halbe Stunde garen, bis die Augen weiß hervortreten. (Die vom Fisch.) Dann einige Spritzer Sojasauce um den Fisch herum in den Fond gießen, einige Momente ohne Folie bräunen lassen. Mit Sauerrahm, dem ein Löffel körniger Senf und gehackter Dill untergerührt wird, und Baked Potatoes – sie dürfen eine halbe Stunde vor dem Fischeinschieben schon im Ofen backen und die folgende halbe mit ihm gemeinsam drin bleiben – servieren.

Toi, toi, toi!

13. GANG Kücheninventar

Wer braucht schon ein Shogunmesser?

KÜCHENINVENTAR

Bei unserem letzten Umzug dauerte es volle drei Wochen, bis ich allen überflüssigen Haus- und Küchenkrempel wieder losgeworden bin. Daher meine neue, feste Überzeugung, sich neben ein paar anderen Kleinigkeiten mit nur zwei billigen Zackenmessern elegant durch die ganze Küche schnetzeln zu können.

Meine Mutter sammelt Küchenmaschinen, verwendet für jede Tageszeit ein neues Service, findet Butter ohne Buttermesser pervers und möchte, daß ihre Töchter über genau das gleiche Warenlager verfügen wie sie. Hier unterscheidet sie sich etwas von ihrer Mutter, meiner Oma. »Hier, nimm sie, ich kann sie doch nicht ins Grab mitnehmen«, deklamierte sie jeweils in voller Aufrichtigkeit, wenn ich bei ihr eine Schüssel bewunderte. Wenn ich sie wirklich annahm, kaufte sie irgendwann einmal eine neue. Meine Mutter hat eine ähnliche Philosophie, doch sie gibt nicht ab, sondern eilt in ihr Stammhaushaltsgeschäft und kauft das Bewunderte neu. Gleich für die ganze Familie.

Eier-, Kaffee-, Brotback-, Allzweckknetrührmaschinen, Mixer, Kräutermesser, Bratenthermometer, elektrische Tranchiermesser, Sahneschläger, Orangenpressen, Innen- und Außengrills, Pizzaminibacköfen,

WER BRAUCHT SCHON EIN SHOGUNMESSER?

Kompaktfriteusen, Kochtöpfe mit Dampf und solche mit Wärmeschutz. Kaum hatte es jemand im Werbefernsehen angepriesen, stand es schon in ihrer Küche. Und bald auch bei mir. Alles nahm ich dankbar an, um es dann im Schrank verstauben zu lassen. Bei der Brotbackmaschine kam es allerdings zum Zerwürfnis. Meine Mutter buk jeden Tag in diesem Kleinsarkophag, welcher mischte, knetete und einheizte, das beste Brot der Welt. Behauptete sie und zeigte mir als Beweis eine Art viereckigen, rauchenden Backstein. »Hast du neuerdings eine Ziegelei eröffnet?« spottete ich. Da gelobte sie, mir künftig nie mehr etwas Modernes für die Küche schenken zu wollen. Ich war einverstanden und fing nach unserem Umzug in meiner neuen spartanisch beschrankten Küche ein neues Leben an. Ich bereue es nur wenig, höchstens dann, wenn ich die ungebeten ins Haus geflatterten Einrichtungskataloge studiere und staunend sehe, was es so alles gäbe. Wenn man es sich leisten könnte. Zum Beispiel das »Shogunmesserset«, siebzehnteilig, für absolut geschenkte paar hundert Mäuse. Die schütteln wir ja gleich lässig aus dem Portemonnaie. Sie auch?

Sich küchenkrempelmäßig zu beschränken, hat jedoch den großen Vorteil, mehr Geld für den Inhalt der Töpfe im Portemonnaie zu haben. Und, was ich als Idee höchst faszinierend finde, daß Sie prinzipiell in einer Stunde alles einpacken und auswandern könnten. Nach Amerika, wo die Lebensmittelläden so aufregend wie Thriller sind. Beweis: Basilikum, keine vier Stiele mit einigen Blättchen, sondern armlange Kräuterbesen. Bagels in zehn verschiedenen Geschmacksrichtungen. Alles in bester Qualität. Und Leute wie Woody Allen und Richard Gere, die dort einfach so mal einkaufen gehen. Ich habe in Amerika immer toll gegessen, doch hat die normale Amerikanerin entgegen anderslautender europäischer Behauptungen überhaupt keine Küche mit viel Schnickschnack. Nicht einmal meine New Yorker Freundin Hillary. Von Beruf wegen Spürnase für Kunsttrends. In ihrer Küche, in Pastellfarben gestrichen, steht ein altes Holzbuffet, das ganz locker mit etwas Service, einigen Kochwerkzeugen und Lebensmitteln gefüllt ist. Und im ge-

KÜCHENINVENTAR

mieteten Strandhaus, in dem wir zwei wundervolle, träge Sommerwochen verbrachten, gab es noch weniger. Einen Grill für gegrillte American Hotdogs, natürlich vom Kosher Sausage King, und pralldicke Hamburger, zwischen Brötchen, mit viel Senf, Ketchup, Salat und Zwiebeln geklemmt. In einem einzigen Riesentopf kochten wir alles, von Maiskolben und vielerlei Pasta bis zu den Hummern, die wir an einem Fischstand am Meer kauften. Das letztere tat ich damals zum ersten und letzten Mal. Jacques war so entsetzt über seine Mutter, die hartherzige Mörderin, das er für den Rest der Ferientage mir jeden Morgen beim Aufwachen »Lobsterkillerin« ins Ohr flüsterte.

Ich weiß, in den Ferien schwören wir uns jedesmal, fortan auch zu Hause so unbefangen unkompliziert zu sein. Vergeblich. Wenn man nach Hause kommt, ist alles noch da. Und einfach so wegwerfen? Ich hatte einfach Glück. Wenn ich nicht aus- und wieder eingezogen wäre, hätte ich immer noch Omas zweifellos sehr wertvolle einmeterlange Silberplatte für vornehme Five-o'clock-Kressesandwiches, die es bei uns mangels Vornehmheit nie gab, die angelaufen wie eine Moosgrotte war. Ich schenkte sie spontan dem jungen Mann, der beim Umzug Jacques' Kommode fortschaffte. Und als Massimo deswegen beinahe in Ohnmacht fiel, erklärte ich ihm, daß meine Oma eine große Menschenfreundin war und damit gewiß einverstanden gewesen wäre.

Bei uns hat sich inzwischen wieder viel Krempel angesammelt, doch bei Alexander, der neulich ein schnuckeliges City-Apartment bezogen hat, herrschte kücheninventarmäßig noch die Stunde Null.

»Wir kaufen das ideale Kücheninventar live zusammen ein, dann muß ich das fürs Buch nur noch in eine interessante und fachkundig klingende Reportage kleiden!« drängte ich ihn. Alexander rollte die Augen, stöhnte wie üblich »Mein Gott, Mami!!!«, war aber einverstanden. Zu Ikea gingen wir, weil dort laut Katalog ein Gesamtküchenwerkzeugpaket zu bescheidenem Preis verkauft wird. Was eigentlich eine tolle Idee wäre, wenn neben zwei, drei nützlichen

WER BRAUCHT SCHON EIN SHOGUNMESSER?

Sachen nicht noch wahre Sintflut an Sieben, Schüsseln und Schabern aus Plastik beigepackt wäre. Diese haben, wie wir vielleicht alle schon wissen, die Eigenschaft, auf versehentlich angelassenen Glaskeramikkochflächen blitzschnell zu knallharten Seen wegzuschmelzen. Deshalb kauften wir auch die eigentlich praktische Schneideauflage aus demselben Material nicht, die genau auf den Herd passen würde. Der Designer hat wohl noch nie gestreßt darauf geschnetzelt und schon mal voreilig die Platten darunter entfacht ...

Es folgt nun eine Aufstellung, was wir statt dessen gekauft haben und was auch Sie brauchen könnten. Nur das und nichts anderes:

Eine Bratpfanne mit Antihaftbeschichtung in mindestens Omelettegröße, weil es traurig wäre, nicht um Mitternacht Omelettes mit Aprikosenkonfitüre spontan brutzeln zu können.

Ein kleiner Kochtopf mit Antihaftbeschichtung und zwei hölzernen Handgriffen für Saucen, aber auch heiße Schokolade, ein etwa spargelhoher Kochtopf, damit diese nicht zweigeteilt werden müssen, aber auch für alle Art Pasta. Es gibt solche, in denen ein herausziehbares Sieb eingepaßt ist. So vermeidet man das Abgießen und das damit einhergehende Gesichtsdampfbad. Ein Dampfkochtopf gehört eigentlich auch in jede Küche, ist aber eher nichts für Anfänger, die während des Kochens plötzlich anderes im Kopf haben und die dampfende Bombe in der Küche total vergessen.

Eine längliche flache, ofenfeste Glasform für Braten, Fisch, aber auch kalte Süßspeisen wie Tiramisu. Eine runde, höhere für süße und salzige Aufläufe, auch fürs Kuchenbacken geeignet und als Puddingform. Glasformen lassen sich viel besser reinigen als Keramik, auch wenn die toller aussehen.

Außer Sie schrubben gerne stundenlang mit Stahlwolle an diesen eingebrannten Kuchengußflecken herum. Dazu Untersetzer aus Kork. Die sind billig und ökologisch sinnvoll. Dachten wir jedenfalls, wieso wissen wir aber auch nicht so genau.

Zum Rühren und Schlagen packten wir einen Schneebesen mit

KÜCHENINVENTAR

Holzgriff und je zwei Holzkellen und -spachtel ein. Sie sind viel besser als diese metallenen Designerwerkzeuge, an denen man sich grausam die Finger verbrennt. Ein Gummischaber, damit die Kuchenschüssel nicht voreilig mit den Fingern geputzt wird. Ein Nudelholz verweigerte Alexander, weil *ich* ja dauernd backe, trotzdem empfehlen wir Ihnen eins aus Holz und nicht dieses edle Modell aus Marmor. Ihre Zehen und eventuelle Einbrecher werden es einst danken.

Eine Metallreibe auf der man sowohl Äpfel fürs Müesli als auch Kartoffeln reiben kann. Also nicht zu fein. Und ein Meßbecher, in dem Maßeinheiten für Mehl, Zucker und Milch eingraviert sind. Zwei Schneidebretter aus Holz. Ein großes Tablett für die Schlemmerei im Bett. Drei runde Vorratsdosen mit Deckel, geeignet für die Mikrowelle, aber auch für das Zusammenrühren von Teig oder Salatsaucen. Ein simpler Dosenöffner. Ein griffiges Salatbesteck, damit glitschige Tomatenschnitze nicht in den Ausschnitt der Tischdame flutschen. Und das passende, metallene Salatsieb, das man auch zum Abtropfen anderer triefender Speisen benutzen kann.

Finito. Wie bitte? Wundern Sie sich. Das soll alles sein? Klar, wofür braucht man eine Knoblauchpresse? Gehackt schmeckt er viel intensiver. Eine Zitruspresse? Geht auch mit bloßer Muskelkraft, und man muß nichts mühsam abwaschen. Eine Kaffeemaschine? Ich liebe mein Espressomaschinchen genau für eine Tasse besten Kaffees auf italienische Art, direkt auf der Herdplatte zubereitet. Ein sanftes Blubbern lockt Kaffeesüchtige an. Vor einer solchen stritten wir nach einem ungeahnt harmonischen Einkauf zum erstenmal. Alexander wollte ein automatisches Ungetüm. Er kaufte es später mit seinen erkellnerten Trinkgeldern, und ich bestelle bei ihm als erstes so einen tollen Schäumchenkaffee, den ich dann naserümpfend trinke. Aus Prinzip. Ein Handmixer? Richtig, muß sein und haben wir vergessen, aber bitte ja nicht so eine klotzige Universalküchenmaschine, die man aus Putzhorror nie hervorholt. Ein Standmixer? Unbedingt, wenn Sie ein Fan von Milchshakes sind.

Dann standen wir beide andächtig vor hölzernen Blocks, in denen sechs Messer in ganz verschiedenen Längen und Größen steckten. So richtig professionell tödlich scharf und genau das, was wir laut Siebiolek und Co. alle unbedingt brauchen. Ich wurde schwach und packte Alexander und mir auch so ein Schlächterset ein. Inzwischen habe ich damit wahllos Brot, Fisch, die Hecke vor dem Zaun und meine Finger geschnitten. Merke: Zwei zackige, nicht zu große Allzweckmesser, die nach dem Erstumpfen auch in Hof und Garten ihren Lebensabend erschnetzeln können, tun es auch.

Das wär's. Wenn es allerdings ein bißchen mehr an Küchenschnickschnack sein soll, tun Sie sich keinen Zwang an. Ich muß es schließlich nicht kaufen, aus Schubladen hervorgraben, damit ungeschickt herumhantieren, es verfluchen, abwaschen, einräumen und schließlich vor die Haustüre stellen.

14. GANG Speckattack

Diät mit Madonna

SPECKATTACK

Aus aktuellem Anlaß wurde dieses schreckliche Kapitel eingefügt. Parallel zu der sich biegenden Seitenzahl des Manuskripts nahm auch mein Umfang zu. Es auf eine Scheinschwangerschaft abzuschieben hatte keinen Zweck – ich hatte katastrophal zugelegt. Doch wie abnehmen, wo doch Diäten jede kulinarische Kreativität abtöten und die Hungernden in knurrende Monster verwandeln? Madonna kam zu Hilfe.

»Wer ißt denn all das, was Sie kochen und backen«, fragte meine Lektorin aus München mit kaum verhülltem Schaudern bei mir in Zürich an, nachdem ich noch ein wenig wacklig vom Zubereiten des Whiskeycake ans Telefon gestürzt war und ihr meinen neuesten Triumph in der Küche schilderte. »Also, da müssen eben alle mitessen«, gab ich ihr ganz optimistisch Bescheid. Hätte ich vielleicht zugeben sollen, daß mein anfänglich williges Testpublikum mit der Anzahl der Manuskriptseiten stetig abnahm und Ankündigungen am Eßtisch, wie »WG-Auflauf, fünfte, beste und letzte Variante« gar bestreikt wurden?

Zählt man all die Köstlichkeiten und Katastrophen auf, die ich im Laufe dieses Buches gekocht, gebacken, gegrillt, geschmort, gefüllt und gratiniert habe, darf man sich nicht wundern, daß meine Waage seit Wochen Zahlen zeigt, die ich noch nie unter mir gesehen habe. Gut, wir alle wissen, Gewichtstabellen können und wollen irren, und es gibt bekanntlich gnädigere Methoden, das ideale Gewicht auszurechnen. Zum Beispiel die Größe minus hundert. So gesehen, passe ich noch in die Norm, bloß merken meine Lieblingsjeans das nicht. Also: Es war gut, es war wunderbar, es hat geschmeckt, und jetzt ist Schluß. Eine Speckattacke ist angesagt. Sofort.

Das einzige, was mich heute gegen Abend, viereinhalb Stunden nach saftigem, aber magerem Müesli am Mittag, dann Gymnastik um zwei, tröstet, ist die Perspektive, neben diesem Kapitel auch noch gerechterweise im Frustrationskapitel weiterzukochen. Die andere Stütze, die mich trotz leerem Magen noch einigermaßen aufrechterhält, ist die Tatsache, daß es Madonna auch nicht besser geht als mir. Sie hält sich neben täglich drei Stunden Fitneßtraining strikt an die Anweisungen ihres Eßtrainers, falls dies die richtige Bezeichnung ist. Dieser – eher Wärter – in Madonnas Malibu-Zoo füttert ihr genau nach Fett/Kohlehydraten/Protein ausgezählte Nahrung und hin und wieder »hot tamales« (was ist das?) als Belohnung. Wie ich dies in der amerikanischen *Cosmopolitan* las, erinnerte ich mich an jene fernen Tage, als Helene und ich mit Fritzli zusammen an einem Tisch im Kinderzimmer saßen, festgezurrte Ärmelschoner übergestreift, um Klecker an den Spitzenmanschetten zu vermeiden, und von unserer Kinderschwester die extra für uns zubereitete Mahlzeit serviert bekamen. Weil es aber Schwester Trudi bald zu langweilig wurde, uns beim Trödeln zuzusehen, verschwand sie nach einigen Anstandsminuten, höchstwahrscheinlich um zu beten. Kaum war sie weg, nicht ohne uns Schwestern zu ermahnen, unserem kleinen Bruder beim Essen zu helfen, schnappten wir Fritzlis Teller mit pürierten Karotten, Kartoffeln und Kalbsgehacktem und aßen ihm alles weg. Nur wenn wir besonders guter Laune waren, ließen wir ihm jeweils ein Restchen im Teller und beinahe das ganze Kompott. Madonnas Trainer, Mr. Grieco,

hat wahrscheinlich ähnliche Erfahrungen mit vielen garstigen Schwestern gemacht und darf sich nun hochbezahlt an seiner Chefin rächen.

Normalerweise haben wir alle bei einer Abspeckaktion keinen Kalorienüberwacher zur Stelle, der uns im Notfall den Teller wegreißt oder gar wegißt. Wir müssen also so raffiniert kochen, daß es uns schon nach dem ersten maßvollen Teller reicht. Nachschlag gefällig? Ganz wenig oder nein danke, werden wir uns zumurmeln. So toll ist es ja nun auch wieder nicht.

1. Diättag: Ein eisiger Ausrutscher

Morgens und mittags habe ich keine Freßgelüste. Da reicht Kaffee mit heißer Milch, zwei Vollkornkonfitürebrote, die Zeitung – die fetten Croissants im Café wurden kürzlich gestrichen. Mittags genügt zuverlässig das Computermüesli oder ein kühner Grünzeugsalat mit Melonen- oder Nektarinenschnitzen. Nachmittags wird es garantiert kritisch. Die langen Stunden, zugebracht mit Nachvollziehen von Rezepten aus fetten Tagen, können ab der heute eintretenden Diät bestimmt nur durch Karottenknabbern oder meinetwegen ein belegtes Brot ohne Mayo überbrückt werden. Dann kommt unweigerlich der hungrige Abend. Deshalb sollte nun am Spätnachmittag dieses ersten Diättages ein ganzes Fuder diättauglicher Nahrungsmittel eingekauft werden. Nehmen Sie dabei aber niemanden mit, der oder die nicht auf Diät ist, sonst landen Cornchips und Schokoladenwaffeln trotzdem in Ihrem Einkaufswagen. »Ich verstecke sie dann schnell vor dir«, wird man Ihnen versichern und es vergessen. Sie aber werden sich daran erinnern und wie magnetisch von den lässig auf dem Küchentisch liegenden Knusperpäckchen und Rascheltüten angezogen werden.

Gedünsteter Goldbutt auf Ratatouille und Vollkornnudeln

Greifen Sie also am besten zuallererst und alleine beim Früchte- und Gemüsestand zu und kaufen Sie alles, was potentiell ins Gemüse, den Salat, das Müesli gehört. Wenn die Mengen gleich für einige Tagen reichen, kann man nicht mit der Entschuldigung »Tja, nichts Frisches mehr da« ein mehrstöckiges Sandwich mit Ketchup statt Tomaten bauen. Endlich, – so ab sechs – darf man sich allerdings schon mit gutem Gewissen an die Zubereitung des Abendessens machen. Deshalb stürzte ich mich gleich nach dem Auspacken zwecks Weiterverarbeitung auf die Zucchini, Auberginen, Peperoni, Tomaten, Liebstöckel, den Fisch im Sonderangebot, Goldbutt war's, und ein Paket Vollkornnudeln. Wenn schon mager, dann wenigstens gesund. Die Ratatouille ist ein Kinderspiel. Alles Gemüse – schwarz, grün, rot, gelb, es soll ja wenigstens fröhlich aussehen – wird direkt in einen größeren Topf geschnitten, mit einem Eßlöffel Öl beträufelt, kurz angedünstet und mit einer großen Tasse Wasser abgelöscht. Ein Löffel Gemüsebouillon dazu, zugedeckt köcheln lassen. Jetzt das Fischfilet kurz in genügend Sojasauce marinieren. Wenn die Ratatouille noch gehörig knackig ist, gleichmäßig mit dem Fisch zudecken, Deckel drauf, so lange sanft weiterköcheln lassen, bis der Fisch gar ist. Das dauert etwa zehn Minuten. Mit frischen Kräutern bestreut und den Vollkornnudeln servieren. Hat was drin und schmeckt sogar.

Ausrutscher um Mitternacht: Ein Eis, Vanille-Erdbeer am Stil im Bett. Köstlich. Konnte aber nichts dafür, es wurde hinterrücks von Massimo serviert. War immerhin heute im Fitneßtraining.

2. Tag: Abgenommen? Reden wir nicht darüber

Wohl aber über die Strafe. Ich mußte bei Hennes & Mauritz mittags einen Badeanzug probieren. Nur Bohnenstangen von DesignerInnen können deren Probierkabinen eingerichtet haben. Die Beleuchtung legt jeden Millimeter Fett bloß, Rundherumspiegel zeigen all das, was

SPECKATTACK

wir zu normalen Zeiten von uns selbst vernünftigerweise niemals zu Gesicht kriegen. Bei den Badeanzuggestellen hängen immer dieselben, schon etwas angeschmuddelten Modelle – kein Wunder. Nach der Visite in der Kabine kauft sowieso niemand je ein Badekleid. Eilt wohl aber mit tödlicher Entschlossenheit in die Küche zur Madonnadiät zurück. Um zu kochen wie ein fröhliches Flittchen am Herd? Pech, wir haben noch genügend für eine abendliche Wiederholung des Vortages. Dummerweise stapelte mein Vater kleine Behälter mit Resten eines kalten Buffets, die meine Mutter ihren aktuellen Leibärzten kredenzt hatte, in meinem Kühlschrank. »Aber ich bin auf Diät«, protestierte ich über Paté, Crème brulée und weitere Köstlichkeiten, die hier nicht erwähnt werden dürfen. »Das paßt doch zu jeder Diät«, meinte mein Vater schlicht.

Das glaubten auch meiner Mutter Tanten, wenn sie ihre arme Nichte im Diätsanatorium besuchten, wohin sie, statt wie andere Kinder in die Sommerfrische, verschickt wurde. Sie steckten ihr bei den Besuchen Schokoladentafeln und Gläser mit Vollrahm zu, und Klein-Thea versprach mit vollem Mund, nichts zu verraten. Meine Mutter nahm also niemals ab, sondern eher zu, was die Ärzte die Köpfe schütteln und meine Oma seufzen ließ. Das täte ich auch, falls ich auf Vaters Lieferung angesprochen hätte. Sofort lud ich notfallmäßig meine Söhne ein. Mußte aber doch mutig testen, ob die Desserts noch eßbar waren. Wenigstens wurde heute mit Hund ein Waldlauf absolviert.

3. Tag. Abgenommen? Fragen Sie nicht. Zugenommen!

Nach Madonnadiät verliert man pro Woche ein Pfund, das angeblich wegbleiben soll. Mr. Grieco rät uns außerdem, nach Erreichen der Idealfigur weiterhin Früchte, Gemüse und Salate in bergigen Quantitäten zu mampfen, dafür Herrlichkeiten wie Kartoffeln, Brot, Hülsenfrüchte und Pasta nur im Kleinhügelchenformat zu genießen. Angereichert mit etwas Fisch oder Fleisch. Genau die richtige Rezeptur, um immer grantiger zu werden. Außer man hat wie Madonna diverse Anwesen und einen göttlich schönen Fitneßtrainer, der parallel dazu zum Kindsvater ernannt wurde. Was sich allerdings bei Drucklegung dieser Zeilen schon wieder geändert haben könnte. Dann hat die Arme nur noch ein kreischendes Baby und ihre *deadly diet.* Anyway – es wäre eigentlich sehr verführerisch, diesen dritten Tag ohne jedes Resultat als Übungsende zu deklarieren.

Wenn da nicht die Gelegenheit vertan wäre, aus einem kleinen Fischrest, viel grünem Salat, Tomaten, frischen Champignons, Zuckermelonenschnitzen und einem traurigen Rest Vollkornnudeln mittags einen Salat zu basteln. An Sojasauce, ein klitzekleinwenig Sesamöl und ein paar Spritzer Zitrone. Hat erstaunlich interessant geschmeckt und mindestens eine Stunde satt gemacht. Allerdings erging es mir in Sachen Fischmenge noch viel besser als meinem Onkel Harry, einem fröhlichen Menschen, der sämtliche jüdischen Witze kannte und früher jedes Jahr zur Diätkur fuhr. Wo er einst, wie er danach verriet, bei der Nulldiät schlimm sündigte. Eine kleine Forelle blau bestellte er im Gasthof neben der Klinik. Doch weil er noch vier andere mitschlemmende Saboteure mitgebracht hatte, die sich auf seinen Fisch stürzten, wurde er kaum fündig und beim Wiegen anderntags nicht entlarvt.

Zum Essen: um vier Uhr ein mit Hüttenkäse beladenes Brötchen genossen. Abends ein Tofugeschnetzeltes mit viel Paprika, einem Schuß Sojasauce und für die Illusion, Zürcher Geschnetzeltes auf dem Teller zu haben, mit einem Eßlöffel Rahm verfeinert. Dazu etwas Reis, in welchen die allerletzte Ratatouille gemischt wurde. Beim Kochen hörte ich im Radio alte Beatlesstücke, die so gräßlich wie bunte Hawaiihemden waren. Nicht schlecht, denn es verschlug mir den Appetit, so daß ich nicht überall meine Finger hineinstippte.

Solch echte Menüs, wie das eben vorgekochte, haben den Vorteil, daß man sie manierlich essen muß. Keine Schüssel, aus der direkt

SPECKATTACK

gegabelt wird, o nein, ich setze mich wie die Queen von England an den gedeckten Tisch, lege mir die Serviette auf die Knie, und beäuge das noch in der Schüssel Verbliebene: Wow, das darf ich auch noch essen! Und das eine halbe Stunde vor Abendessenszeit.

Doch das war Absicht. Denn wir wollten uns an einer Veranstaltung mit »Echten Indianern«, wie es auf dem Plakat wohl mit einer Prise Humor hieß, über den Diebstahl von Montezumas Federnkrone und deren bereits jahrhundertelange Verstaubung in einem Wiener Museum informieren. Rund um den zwanzigmeterhohen Lebensbaum, den die vier »Brüder Himmelsrichtungen« und »Bruder Sonne« bestiegen, scharten sich leider auch noch Stände mit Tacos, Burritos, also für mich alles Nein-Neins. Auch wenn der charmante Azteke Xokonoschtetl uns zwischen Ritualen aufforderte, tüchtig zuzulangen, denn der Kampf um die Rückführung von Montezumas Geist, der im Exil in seiner Krone hause, sei teuer. Aber auch gesundheitsfördernd, tanzten doch seine MitstreiterInnen oft tagelang, um dann zwar noch muskulöser, aber mit mächtigem Muskelkater an Ort und Stelle zusammenzusacken. Dafür um Kilo leichter. Beeindruckend, aber von mir gleich als zu mühsam verworfen.

4. Diättag: Halleluja, 800 Gramm abgenommen!

Es ist schon merkwürdig, da ißt man drei Tage lang bescheiden und erst geschieht gar nichts. Plötzlich in der Nacht ereignet sich eine Art Speckattacke, ja eine Art Specksturz. Ohne Lärm, und ohne Gepolter verschwindet beinahe ein Kilogramm irgendwohin zwischen Bett und Boden. Gemein ist nun aber, daß Jacques morgen Geburtstag hat und eine Torte benötigt. Allerdings befreit einen eine Diät auch vom Kuchenbacken. Es wurde nach Wunsch eine Torte St. Honoré bei »Sprüngli«, der schlimmen Zürcher Konditorei, bestellt. Er wollte unbedingt »diese Torte, wo in dicken Teigkugeln ganz viel Creme ist«, was ich nach einigem Nachdenken auf diesen köstlichen Berg aus krokantüberzogenen, mit Kirschcrème gefüllten Windbeuteln bezog. Gerade jetzt kann ich ohne Wimpernzucken über so eine Versuchung schreiben, es ist Morgen, ich sitze über einer Tasse Tee, wir schreiben den

5. Diättag, nochmals 200 Grämmelchen abgenommen

Gar nicht so schlecht, aßen wir doch gestern Miesmuscheln à discrétion in einem wunderbaren Weißweinzwiebelpetersilien- und, ich fürchte, Rahmolivenölsud. Man stelle sich vor – so viel Sie mögen. Und ich mitten drin. Es wurde ein »so lange Sie mögen« daraus. Deshalb verpaßten wir das Freiluftkino. Wieder keine Fitneß. Die holte Massimo des nachts an meiner Stelle nach. Er verfolgte einen Einbrecher, der ausgerechnet die Eisenkette an unserer Gartentür stahl. Wir hatten vergessen, sie abzuschließen. Im wilden Galopp vorbei an den grinsend an ihre Harleys angelehnten Hell's Angels, die gleich neben uns ihr Clubhaus führen, über die Straße. Das alles oben ohne und barfuß. Ich bekam das alles nur am Rande mit, ich war wie gesagt dabei, in aufregenden Träumen die zweihundert Gramm zu verlieren. Und langsam meinen Verstand. Heute an diesem

6. Diättag mit nochmals mickrigen 200 Gramm weniger.

Die himmlische Torte reiste im Ganzen zu Jacques, wo er sie seinen Freunden aufschnitt. Ich könnte heulen. Die ganze Zeit derselbe magere Fraß. Und dann auch noch immer weniger, obwohl ich anfangs eigentlich bloß zum normalen Essen, ohne Testgänge, zurückkehren wollte. Doch wenn die Grämmer purzeln, packt einen ein

SPECKATTACK

kranker Ehrgeiz. Noch weniger, noch mickriger, heißt die Devise. Dafür kriegt man Kopfweh, die ganze Welt sieht so fad wie ein Lightprodukt aus. Es nützt auch nichts, daß ich heute einkaufen ging. ICH HABE HUNGER! Verdammt noch mal, und diesen müden Diätblick, mit der ich die Kuchengestelle ansteuerte, die Pakete mit den Plätzchen so genau studierte wie Kunstwerke, und mich dann doch entschloß, diese Kokosschokoladenzöpfchen nicht ins Wägelchen zu packen. Nicht einmal für meinen Massimo. Wenn ich nicht darf, soll der auch nicht.

Man wird also richtig gemein und knausrig nach allen Seiten. Wieviel schöner war es, alle Chaos-Küchen-Kapitel opulent durchzukochen. Aber noch gebe ich nicht auf!

Oh, endlich Zeit, Abendessen zu kochen, Schluß mit Gefasel, um Sie und mich abzulenken. Kochen, das einzig Produktive heute. Außer einem Waldspaziergang mit Hund Timmy. Überall duftete es nach Tannennadeln, Erdbeeren und aus dem Ausflugsrestaurant nach Knoblauchbrot. Als Diätende wird man zum Tier: Schnüffeln, Düfte aufspüren, hecheln. Halluzinieren, ich hörte doch tatsächlich hinter einer Tanne mein Telefon läuten. Toll, so schräg habe ich mir das Leben schon immer vorgestellt. Das Essen heute um sechs Uhr war dann sozusagen nicht der Rede wert. Truthahngeschnetzeltes mit chinesischem Fertiggemüse und Reis. Massimo toastete sich dazu demonstrativ Gorgonzolabrötchen. Ich war nach dem Essen so traurig, daß ich die Eagles-Tickets, die mir Fritzli schenken wollte, ablehnte. Und auch der Abendspaziergang wurde zur ziellosen Angelegenheit. Normalerweise suchen wir unseren Lieblingstürken auf, der die bestbestückte Eistruhe der Stadt hat. Aber jetzt darf ich darin nicht herumwühlen. Außerdem ist er beleidigt, denn ich habe versprochen, seiner Frau beim Backen ihrer Kuchenspezialität, einem mit Likör getränkten Griesnußkuchen zuzusehen. Ich verstecke mich feige hinter dem Zeitungsständer, damit sie mich nicht in die Küche winken kann.

7. Diättag, oder schon 8.? – Waage spinnt, ich auch

»Wieso schreibst du überhaupt etwas auf?« fragt mich Fritzli. »Bei einer Diät kriegt man ja gar nichts zu essen, laß doch die Seiten einfach leer.« Eigentlich hat er recht. Man ißt nichts Rechtes. Und man ist deshalb auch nichts Rechtes mehr. Nur eine Art doppelte Portion, die meint, mit einer halben auszukommen. Wenn Sie wollen, dürfen Sie meine Diät gerne übernehmen. Buchstäblich.

Liebe Leserinnen und Leser, als ich diese Zeilen heute nochmals las, war ich geschockt. Was muß ich doch in jenen Diättagen für ein trauriges Würstchen gewesen sein, das trotz strikter Zubereitung magerer Speisen wenig Fett verlor und mit hängenden Dellen keinen schönen Anblick bot. Außerdem machten sich alle über meine Diät lustig. Trotzdem muß mir in den sieben und notgedrungen noch vielen nachfolgenden mageren Tagen klargeworden sein, daß man nicht unbedingt jeden Abend zwei Stück Testkuchen braucht und Gemüsiges ganz gut schmeckt. Und daß es auch keine abwegige Idee war, das Essen seriös am Tisch statt an den offenen Kühlschrank gelehnt einzunehmen. Glücklicherweise hatte ich mich auch endlich pflichtgemäß durchs ganze Buch gekocht und betrete die Küche nur noch zur leichten Kür. Ob Sie's glauben oder nicht. Die Kilos sind weg. Wie viele verrate ich wieder nicht. Denn dies ist die Diät, bei der alles oder gar nichts passieren kann. Jetzt sind Sie dran.

Das Dessert

*»Spitzenküche ade, willkommen in Ihrer
eigenen Chaos-Küche!«*

> *Ich freue mich sehr, daß Monsieur Serge
> Troicuse von der Auberge du Blatterstand in
> St. Eglise-sous-Mer, soeben ausgezeichnet mit
> dem begehrten sechsten Pfännchen, es sich
> nicht nehmen ließ, in letzter Minute vor
> Drucklegung zwischen seinen Töpfen ein
> Nachwort zu verfassen. So konnte ich gut
> verschmerzen, daß begabte (Hobby-)KöchInnen
> wie Biolek, Bocuse und Casty nicht angefragt
> werden konnten, da sie gerade anderswo
> Brandheißes abkochten.*

DAS DESSERT

Cher/es Amis et Amies!

Ich bin überglücklich, für gerade dieses Kochbuch einige Zeilen schreiben zu dürfen. Natürlich habe ich ich schon für einige andere kulinarische Werke Vorworte verfaßt. Meistens handelte es sich um liebe Kollegen aus ebenso renommierten Häusern, die wiederum für mich lobende Worte gefunden haben. Aber so ist das eben, man ist natürlich überglücklich, der Konkurrenz dienen zu dürfen. Vor allem, wenn es sich um so eine vornehme Kunst wie die des Kochens handelt.

Madame Weissberg lernte ich kennen, als sie von ihrem reizenden Begleiter in mein Lokal ausgeführt wurde. Er ließ ausdrücklich einen Tisch mit Meeresblick reservieren und bat um Blumenschmuck, da es sich um eine kleine Feier anläßlich der Fertigstellung eines literarischen Werkes handle. Normalerweise werde ich von meinen Angestellten nicht mit Reservierungen behelligt, doch zufälligerweise lutschte ich gerade ein Eis, Marke Winnetou, (die lasse ich mir von meinem Delikatessenhändler neben den Zutaten für meine bekannten Sorbets immer im Dutzend mitgeben, da sie irgendwie viel aufregender schmecken) neben dem Telefontischchen unseres Maitre d' Pierre und bekam die romantisch klingende Bestellung mit.

Nun – das glückliche Paar traf ein. Nur eine kleine halbe Stunde zu spät. Bald war der Tisch gewechselt, da es dort zugig war (was stimmt), die Blumen entfernt, Madame ist Allergikerin (wir hätten vielleicht nicht den verwelkten, samenstiebenden Strauß vom vorgestrigen Geburtstagsgast aufpeppen sollen). Und ein Aperitif bestellt. Er mundete meinen teuren Gästen bestens. (Auch wenn wir den am Tisch präsentierten Champagner wie üblich selbst in der Küche tranken und den Gästen Liebesdiesel servierten). Danach bestellten sie voller Sachkenntnis mein Menü Surprise.

Vielleicht möchten Sie *tout de suite* wissen, was ich ihnen aufgetischt habe: Nach einem grünen Spargelsüppchen mit Hummerstückchen (Madame hat allerdings unserem Pierre einen zehnminütigen Vortrag über arme Hummer gehalten und so nicht gemerkt, daß sie Dosensuppe schlürfte) folgten dreifarbige Miniravioli auf Sommersalat, dann ein Kalbsfilet mit Frühlingskartöffelchen (Monsieur hat, wie Pierre berichtete, auf Madames Anweisung das übriggebliebene Fleisch diskret in ihr Täschchen gesteckt) und schließlich unsere Spezialität Schokoladennudeln auf einem Vanillespiegel. Madame war von diesen Schokoladennudeln, einem Rezept meiner *grand-mère*, so begeistert, daß sie in die Küche eilte, um meine Bekanntschaft zu machen.

Normalerweise liebe ich es nicht, wenn meine Gäste meine Küchenkreise stören, doch in diesem Fall war es Sympathie auf den ersten Blick. Zwischen meiner und Madames *grand-mère*, Gotthabebeideselig. Beide Damen waren, wie wir bald feststellten, exzentrische Küchendivas. Es ist nun nicht so, daß mir meine Art zu kochen aus dem Hals hängen würde. Obwohl meine Gattin Marie mir mein letztes Kochbuch, das sich immerhin hunderttausendmal in meinem und in Ihrem Land verkaufte, um die Ohren schlug: »Serge«, keifte sie, »nachdem ich hier zu Hause alles selber kochen muß und du nicht einmal eine Zwiebel schälst, hättest du wenigstens ein paar machbare Rezepte aufschreiben können. Oder was soll ich bitte mit Terrine de foie gras de canard au naturel, hier auf Seite 598, das ist so kompliziert, daß es kein Schwein versteht!« Ich erklärte ihr, daß ich mit meinen Rezepten nur den neuesten Trends der Neuen Vernünftigen Küche folgen würde, die sich auch in unserem Restaurant bestens verkaufen ließe. Und außerdem den Vorteil hätte, daß man darin allerlei simple Zutaten einflechten und sie den Gästen teuer verkaufen könne. Wie zum Beispiel den Hackbraten auf Leichte Hausfrauenart, auf den die Geschäftsleute fliegen würden. (Ich darf nicht verschweigen, daß ich das Rezept für meinen berühmten Hackbraten meiner lieben Marie gemopst habe, die es auf einem zerknitterten Zettel zwischen ihren Topflappen verlegt hatte.)

Oh, ich schweife ab, wo waren wir? Ah ja, mit Madame Weissberg in meiner Küche und den Schokoladennudeln meiner Oma. Ich

DAS DESSERT

erklärte mich widerstrebend bereit, das Rezept herauszurücken. Was ein wenig schwierig war, denn ich mußte die Zutaten aus dem Stegreif aufzählen. Sie sind immer ein wenig anders und wurden noch nicht für mein geplantes neues, noch dickeres Kochbuch aufgezeichnet. Madame machte allerdings ein zweifelndes Gesicht und wies darauf hin, daß alle zwar tapfer behaupten würden, Nudeln selbermachen zu wollen, aber dies glatt gelogen sei. Und gerade für solche Leute habe sie nun ihr Kochbuch, die Chaos-Küche, verfaßt. Damit diese endlich aufseufzend alle Kochzwänge über den Küchentisch werfen könnten. Wozu meine komplizierten Schokoladennudeln gezählt werden müßten. Dann hat Madame Weissberg mir ihr Rezept für einen, wie sagte sie gleich? – »megageilen Schokoladenpudding« – ihrer Mutter aufgeschrieben, obwohl ich es gar nicht haben wollte. *Mon Dieu!*

Mais, liebe Leser und Leserinnen meines Nachworts, wie recht doch diese rechthaberische *cuisinière* eigentlich hat: Wie gerne würde ich den ganzen Pipapo, den ich für meine sechs Pfännchen aufführen muß und der mir nie so recht gelingt, ganz schwarz verbrennen lassen und einige dieser faszinierenden, etwas merkwürdigen Dinge aus Madames Kochbuch nachkochen. Ich könnte mir gut vorstellen, ihren Truthahn, natürlich *à ma façon,* als neue Saisonsensation anzubieten.

Madame hat mich außer den Schokoladennudeln, von denen ich ihr einen Nachschlag servieren mußte (gratis!), auch noch um einige andere Spitzenkreationen gebeten, um sie, wie sie bemerkte, in ihrem nächsten Kochbuch in Banausenvariationen umzukochen. Ich war dann aber etwas beleidigt, daß sie prompt meinen berühmten pürierten Hasen ablehnte. So was hätte ihre Oma nie gegessen, und ihre Schwester Helene würde bei einem solch makabren Anblick kreischen, was allerdings ganz amüsant wäre. Eine Sekunde lang hat sich Madame deshalb überlegt, ihn als Surprise für Madame Helene nachzukochen, ich habe ihr aber großmütig abgeraten. Ich kann das Zeugs nämlich auch nicht runterkriegen, doch die Gäste schreien danach.

WILLKOMMEN IN IHRER EIGENEN CHAOS-KÜCHE!

Und jetzt muß ich die *cochonerie* tagtäglich zubereiten. Ich weiß, die Sorgen eines Spitzenkochs lassen Sie lauwarm.

Alors, ich mache es kurz, Madame ist endlich an ihren Tisch zurückgesegelt und ich habe noch etwas Zeit, diese Zeilen zu vollenden. Zumal sie mit ihrem *pauvre ami* noch über die Höhe des Trinkgelds streitet, wie mir Pierre berichtet hat, der deswegen wütend in den von mir offerierten Likör gespuckt hat. Ich habe ihn gewähren lassen, gutes Personal ist heutzutage noch rarer als zufriedene Gäste. Aber was Madame da so in ihrer Chaos-Küche zusammengebraut hat, würde meiner *grand-mère* bestimmt gefallen und meiner Marie auch. Ich werde Madame deshalb ein Gratisexemplar abschwatzen.

Madame und ich haben übrigens ein kleines Geschäft gemacht: Sie kocht, falls Sie einmal ins Fernsehen eingeladen wird – was sie schwer hofft, denn dann darf sie im Hotel übernachten und Roomservice bestellen – meinen Hasen »Troicuse« und preist alle drei Minuten meine Produktlinie an, und ich lade sie dafür zehnmal pro Jahr in mein schönes Restaurant ein. Sie hat nämlich, wie sie mir verraten hat, ihrer Familie geschworen, nach ihrem schrecklich chaotischen Buch nie mehr eine Küche zu betreten. Das wird sie allerdings bald vergessen haben. Weil man von dieser *amour fou*, dem Kochen, einfach nicht loskommen kann! Auch wenn es noch so wild und chaotisch ist, wie in Madames Chaos-Küche.

A bientôt chez moi! Ihr Serge Troicuse, ein echter Koch

Alle Rezepte auf einen Blick

Apfelchutney zum Truthahn *27*

Bananenshake mit Schnäuzchenschaum *54*
Beilagen Cranberrykompott, Reissalat *26*
Beschwipster Whiskeycake *149*
Brotsalat *117*
Büchsentomatenravioli mit Käsedeckel und
   Kopfsalat an Fertigsauce *51*

Chili con Carne *39*
Computercookies *130*
Computermüesli *125*

Eins zwei drei Currybananen *65*
ExistentialistInnentoast *118*

Falsche Skilehrersuppe *81*

Gedünsteter Goldbutt auf Ratatouille *179*
Grießbrei mit eingebautem Kompott *40*

ALLE REZEPTE AUF EINEN BLICK

Heiratsantragskalbsbrust   *160*
Heiße Schokolade   *155*
Herz aus Brät   *92*
Hühnersuppe für die Seele   *153*

Karolines Aprikosenkonfitüre   *55*
Karolines Kartoffelsalat   *93*

Lachsforelle für Liebesbewerber   *165*

Madonna-Diät-Salat   *181*
Mariellas gefühlverstärkendes Tom Kha   *163*
Mazze-Omeletten mit Pfirsichkompott   *106*

Omas rosaroter Damencrevettensalat   *116*

Pias Soulpasta   *151*
Pollys Affärenkeks   *138*

Rutschsicherer Rhabarberkuchen   *96*

Samtmayonnaise   *93*
Saschas grüner Kartoffelsalat   *95*
Schokoladenwabbelpudding mit Himbeersirup   *52*
Sonntags-im-Bett-Scones   *80*

Tastentaboulé mit Dekoration   *127*
Tomatensuppe, Truthahnturm   *36*
Truthahn gefüllt für Sie ganz allein   *23*

Westöstlicher Früchtetschu   *119*
Wohngemeinschaftsauflauf   *67*
Wunderkuchen   *141*

Meine Hotline:

> Marianne Weissberg
> »Chaos-Küche«
> Postfach
> CH-8031 Zürich

Wie bitte, Sie haben eine Telefonnummer erwartet? Keine Angst, ich rase jeden Morgen an dieses Postfach, um Ihre Fragen, Beschwerden und Lobpreisungen entgegenzunehmen. Antwort garantiert!

Ihre eigenen Chaos-Seiten

Damit Sie nicht alles wieder auf diese Schnippelchen kritzeln, die nach drei Minuten schon verlorengehen, räume ich Ihnen gerne hier etwas Platz für die Ewigkeit ein. Schreiben, zeichnen, Fotos einkleben, kleckern, alles erlaubt. Viel Spaß.